KB132713

자본과 정동

Christian Marazzi, *Il posto dei calzini. La svolta linguistica dell'economia e i suoi effetti sulla politica.*
Copyright ⓒ 1994 by Edizioni Casagrande.
Korean translation copyright ⓒ 2014 by Galmuri Publishing House

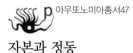 아우또노미아총서47

자본과 정동
Capital and Affects

지은이 크리스티안 마라찌
옮긴이 서창현

펴낸이 조정환
책임운영 신은주
편집부 김정연 · 박인수
홍보 김하은
프리뷰 배재훈 · 이성혁

펴낸곳 도서출판 갈무리 등록일 1994. 3. 3. 등록번호 제17-0161호
초판인쇄 2014년 5월 15일 초판발행 2014년 5월 25일
종이 화인페이퍼 출력 경운출력 · 상지출력 인쇄 중앙피엔엘
라미네이팅 금성산업 제본 경일제책

주소 서울 마포구 서교동 375-13호 성지빌딩 101호
전화 02-325-1485 팩스 02-325-1407
website http://galmuri.co.kr e-mail galmuri94@gmail.com

ISBN 978-89-6195-081-7 94300 / 978-89-6195-003-9(세트)
도서분류 1. 사회과학 2. 경제학 3. 정치학 4. 사회학 5. 철학

값 17,000원

이 책은 실로 꿰매는 사철 방식으로 제책되어 오랫동안 견고하게 보관할 수 있습니다.

이 도서의 국립중앙도서관 출판시도서목록(CIP)은 서지정보유통지원시스템 홈페이지(http://seoji.
nl.go.kr)와 국가자료공동목록시스템(http://www.nl.go.kr/kolisnet)에서 이용하실 수 있습니다.(CIP제
어번호: CIP2014015153)

자본과 정동
Capital and Affects

언어 경제의 정치학
The Politics of the Language Economy

크리스티안 마라찌 지음
Christian Marazzi

서창현 옮김

일러두기

1. 이 책은 Christian Marazzi, *Il posto dei calzini. La svolta linguistica dell'economia e i suoi effetti sulla politica*, Edizioni Casagrande, 1994[영문판 Christian Marazzi, *Capital and Affects: The Politics of the Language Economy*, Semiotext(e), 2011]을 완역한 것이다.
2. 인명은 혼동을 야기할 수 있다고 생각되는 경우를 제외하고는 본문에서 원어를 병기하지 않았으며 인명 찾아보기에서 병기했다.
3. 단행본, 전집, 정기간행물, 보고서에는 겹낫표(『 』)를, 논문, 논설, 기고문 등에는 홑낫표(「 」)를 사용하였다.
4. 단체(위원회), 학회, 협회, 연구소, 공연물, 곡명, 법률, 조약 및 협약에는 가랑이표(〈 〉)를 사용하였다.
5. 지은이 주석과 옮긴이 주석은 같은 일련번호를 가지며 옮긴이의 주석에는 [옮긴이]라고 표시하였다.

차례

머리말 6

1장 노동에서 시작하기 8

1. 유연 생산 9
2. 일본으로부터의 기원들 22
3. 혁신과 정치 형태들 26
4. 언어 기계들 31
5. 정치적 과학기술로서의 언어 38
6. 합선 47
7. 노예 상태 54

2장 측정 불가능한 것들을 위한 규칙들 89

1. 의미들의 박람회 90
2. 양말에 적합한 장소 100
3. 정보 경제에서의 가치 119
4. 해석의 공간들 134

3장 국가와 시장 143

1. 클린터니즘의 한계 144
2. 중산 계급이라는 이념 160
3. 국가와 시장 177
4. 역외적 국가를 향하여 193

이탈리아어판에 붙이는 발문 214
영역자 서문 217
옮긴이 후기 229
인명 찾아보기 232
용어 찾아보기 234

자본과
정동

우리 시대를 가로지르고 있는 정치-제도적 격변들을 받아들이려고 애쓰면서 언어가 정치학의 관건이라고 이야기할 때 우리는 명백한 것을 진술하고 있는 것이다. 현재의 정치적 변혁들을 새로운 생산양식들 내부에, 재화와 서비스의 생산을 재형성하고 있는 과학기술들 내부에, 그리고 우리의 일상적인 삶을 구조화하는 노동관계들 내부에 어떻게 위치시켜야 하는지는 상대적으로 덜 명백하다. 우리가 그것을 좋아하건 그렇지 않건, 현재를 특징짓는 획기적인 전환이 일어난 초창기에 소통(그리하여 언어)이 생산영역에 들어오게 되었다. 우리가 앞으로 기술하고자 하는 패러다임 변동 — 포드주의에서 포스트포드주의로의 이행, 대량 생산과 대량 소비에서 보통 저스트인타임just-in-time으로 불리는 유연한 생산과 유연한 유통으로의 이행 — 은, 우리의 분석이, 지난 십 년 동안 이루어진 전형적인 지식 조직화에 의해 확립된 분과적 경계들을 넘어설 수밖에 없도록 만든다. 중요한 것은 우리 세계에 대한 이해뿐만이 아니라 이 세계 내부에서의 우리의 존재 자체[에 대한 이해]이기도 하다.

첫 번째 장은 포스트포드주의적인 사회 모형의 규정에 기여하는 다양한 측면들에 대한 개괄적인 소개다. 이 모형은 소위 "정보사회"에 전형적인 통신 테크놀로지와 기술들의 영향을 받아 구성되어 있다. 두 번째 장은 사회경제적 위기와 그 위기가 창출하는 갈등의 공간들에 의해 야기되는 격변들을 분석한다. 세 번째 장에서 우리는 경제적 세계화 시대에 국가와 시장이 맺는 관계의 재규정에 관련된 몇 가지 가설들을 정식화한다.

이 책은 보다 광범한 실존적 불안unease에 연결된 정치적 긴박감에 뿌리를 두고 있다. 이행의 시대는 비극적이다. 우리는 단지 새로운 것의 윤곽선만을 볼 뿐, 낡은 것의 한계들에 여전히 종속되어 있다. 우리는 이 두 극단 사이에서 비틀거리며 나아간다.

우리가 실제로 어디로 가고 있는지 말해 줄 분석적 범주들을 박탈당해 외롭다고 느낄 때, 우리에게 용기를 북돋아 연구를 계속하도록 해 주는 것은 우리에게 소중한 사람들, 이미지들, 관계들이다. 이 책을 내 누이 지오반나에게 바친다.

크리스티안 마라찌

1장

노동에서 시작하기

1. 유연 생산

현재의 경기후퇴[1]는 사회적 생산, 소비, 소통의 양식들에서 일어난 지속적인 변형 위기의 한가운데에서 발생했다. 이것은 우리 시대를 특징짓는 "획기적인 변동"에 대한 분석을 훨씬 더 어렵게 만든다. 마침내 고용 수치의 상승을 목격하고 있기 때문에 2년 내지 3년간의 위기가 지난 후 경제 동력이 결국 회복될 것이라는 말을 들을 때, 우리는 각별히 주의해야 한다. 새로운 일자리들이 창출되고 있다거나 또는 건설업이 호전되고 소비가 상승되고 있다고 말하는 것은 쉽지만, 노동의 **본성**에서, 그리고 불황 이전에, 도중에, 또 이후에 일어났던 사회 권리들의 **본성**에서 일어나는 비가역적인 변화들을 평가하는 것은 전혀 다른 문제다.

불황은 소위 **경기 순환**의 한 국면이다. 이것은 두 개의 넘을 수 없는 한계들 사이의 흔들림에 의해 영구화되는 진동 (또는 회귀) 운동이다. "순환적 운동이라는 말을 우

---

1. [옮긴이] 영어판 번역자 쥬세피나 메치아는 여기에서 마라찌가 조지 부시의 대통령 임기 말기를 특징짓는 1992년 경기후퇴에 대해 말하고 있다고 설명한다. (Christian Marazzi, *Capital and Affects : The Politics of the Language Economy*, trans. by Giuseppina Mecchia, Semiotext(e), 2011).

리는 다음과 같은 의미로 해석한다. 즉 경제체계가 이를테면 상上방으로 진행하는 과정에서, 그것을 상방으로 추진하는 힘들은 처음에는 힘을 모아서 서로 누적적인 효과를 나타내지만 점차 그 힘을 상실하여 어떤 특정한 점에 도달하게 되면 그 반대방향으로 작용하는 힘들에 의해 대체된다." 이것이 존 메이너드 케인스가 경기 순환의 합리성을 규정했던 방식이다. 그는 다음과 같이 덧붙인다. "그 용어는 상승 또는 하강 운동의 시간적 계기繼起와 지속 시간에서 우리가 인식할 수 있는 어느 정도의 규칙성이 있다는 의미도 또한 함축하는 것이다."[2]

1980년대와 1990년대 초반 동안 우리는 경기 순환의 주기성과 지속을 측정하면서 하나의 변용을 관찰했다. 전후戰後 시기에 [경기] 순환의 평균 지속 시간은 5년이었으며, 1980~1981년의 세계적인 불황 이후에는 다음 불황이 폭발하기 전까지 10년이 걸렸다. 두 불황 사이의 거리가 (5년에서 10년으로) 더 길어졌을 뿐만 아니라, 불황 자체의 지속 시간도 앞 시기의 불황들보다 확실히 더 긴 것처럼 보인다. 3년간의 불황이 지나고 몇몇 회복 조짐이 보임에도 불구하

---

2. John Maynard Keynes, *The General Theory of Employment, Interest and Money* (New York : Harcourt Brace, 1936b), 313~314 [J. M. 케인즈, 『고용, 이자 및 화폐의 일반이론』, 조순 옮김, 비봉출판사, 2010, 376쪽].

고, 불황의 끝과 관련하여 경제학자들 사이에서 아직도 많은 혼란이 존재한다. 사람들은 "미약한", "빈혈적인" 회복에 대해 언급하며, 통화 당국은 적어도 단기간(이라 해도) 높고도 예측 불가능한 인플레이션율[물가상승률]이 나타날 것으로 내다본다. 새로운 일자리조차 불황 때 사라진 일자리를 벌충하지 못하며, 대개 그 일자리들은 그다지 좋지 않은 것들이다.

경기 순환, 그것의 지속 그리고 ─ 우리가 나중에 보게 되겠지만 ─ 직업, 소득, 인플레이션, 금리의 상호작용을 결정하는 상이한 요인들에서 일어나는 이러한 변화들은 우리 사회의 훨씬 깊은 위기─변형들의 징후들이다. 즉 경기 순환이 바뀐 것은, [경기] 순환의 합리성을 넘어 작용하고 있는 재구조화하는 힘들이 경기 순환을 관통하기 때문이다. 새로운 경기 순환의 동학과 형태를 이해하고자 한다면, 그리고 그 추이를 예견하기 위해서 우리는 이러한 근원적인 변화들에 대한 분석에서 출발해야 한다.

우리는 최근 몇 년간의 전례 없는 해고 사태들(이것들은 스위스3 같은 나라에서조차 대량 실업 현상을 야기했

---

3. 유연 생산 개념과 관련하여 스위스에서 일어난 사회경제적 변형에 대해 상세하게 분석한 것으로는 다음을 보라. Sergio Agustoni, Christian Marazzi, Bruno Strozzi, *La Svizzera verso un deserto industriale?*

다)이 공공 부문 및 사적 부문 모두에서 노동 비용[인건비] 절감을 목표로 했다는 것을 알고 있다. 끊임없이 국제적인 경쟁 압력에 종속되어, 점점 전지구적으로 되어가고 있는 경제적 맥락에서, 노동비용이 과도한 것으로 간주되었다. 이것이 우리가 유연 생산이라 부르는 것이다. 우리는 높은 노동 비용의 원인이 되는 사회적 급부행정[4]의 비중을 줄이기 위해 많은 기업들이 아웃소싱을 통해 생산의 전 부분을 분산시키는 것을 선택한다는 것을 알고 있다. 아웃소싱이라는 단어는, 대기업들의 생산성과 효율을 증대시키기 위해 하청업자, 컨설턴트, 옛 직원들에게 의존하는 것을 나타낸다. 이것은 기업 조직의 근본적인 재구조화를 함축한다. 또한 거대 기업들, 정부 기관들, 거대 병원들과 대학들이 더 이상 대다수 사람들의 독점적인 고용주들이 아니라는 것을 의미한다. 이런 이유로, 대기업들은 사람들을 해고하는 반면, 대기업들을 위해 일하는 중소기업들이 사실상 고용을 창출할 수 있는 유일한 세력들이다. 비록 이러한 일이

Ristrutturazioni aziendali, lavoro autonomo e tempo di lavoro[스위스, 산업의 사막화를 향해 가는가? 기업 재구조화, 노동 자율, 노동시간](Como : Nodolibri, 1995).

4. [옮긴이] 맥락을 고려하여 "social benefits"를 "사회적 급부행정"으로 옮겼다. 사회적 급부행정이란 국가 또는 공공단체 등의 행정 주체가 수익적 활동을 통하여 사회 공공의 복리를 증진하기 위해 주로 비권력적 수단을 활용하는 것을 말한다.

본질적으로 종종 불안정할지라도 말이다. 대기업에는 점점 성과를 내는 일들만 남고 나머지 노동은 [중소기업으로] 외주화될 것이다.[5]

그래서 이것이 유연 생산이며 하도급 업자의 고용을 통한 사회적 비용의 아웃소싱이다. 예를 들어 병원이나 관공서의 민간 청소업체에 대한 의존을 생각해 볼 수 있겠지만, 사태는 이것보다 더 심각하다. 대기업들은 아주 짧은 시간 안에 수요의 변동과 고객–소비자의 취향 및 욕망의 변화에 대응하기 위해 새로운 과학기술들로 자신을 재조직하고 있다. 우리는 "저스트인타임"[6] 생산에 대해 이야기하고 있는 것이다. 이 생산은 가능한 가장 유연한 방식으로 노동을 조직하며, 그리하여 재고(즉 자기 가치를 떨어뜨리게 될 미판매 제품)의 축적을 피한다. 이것은 분명, 새

---

5. Peter Drucker, *Postcapitalist Society* (New York : Harper Collins, 1993), 72~74를 보라. 다음을 참고할 수도 있다. Federico Butera, *Il castello e la rete : Impresa, organizzazioni e professioni nell'Europa degli anni '90* [성(城)과 인터넷 : 90년대 유럽의 기업, 조직, 직업] (Milano : Angeli, 1991). 생산의 아웃소싱과 독립적인 컨설팅과 관련된 논점들에 대해서는 다음과 같은 볼로냐의 저작들을 읽는 게 중요하다. "Problemi del lavoro autonomo in Italia [이탈리아의 노동 자율의 문제]," (II), *Altreregioni*, 2/93.

6. [옮긴이] 'just-in-time production'은 '적절한 시기에 공급을 함으로써 재고를 만들지 않는 생산방식'의 의미를 갖는다. '적기 생산', '적시 생산' 정도로 옮길 수 있으나, 여기서는 음역으로 통일했다.

롭게 나타나는 생산양식을 이전의 생산양식 — "포드주의"
라 불린 2차 세계대전에 뒤이은 시대[의 생산양식] — 과 구분해
주는 가장 가시적인 측면이다. 물론 이 이름은 미국의 사
업가인 헨리 포드에서 따온 것이다. 그는 20세기 초 자신의
자동차 회사에 최초로 조립라인을 도입했다. 포드주의 시
대에는 시간과 생산양식이 엄격하게 계획되었지만, 포스트
포드주의 시대에는 계획이 훨씬 더 어려워졌는데, 그 이유
는 사람들이 시장이 제공하는 기회들에 훨씬 더 많이 의
존해야 하기 때문이다. 이러한 기회들은 즉각적으로 붙잡
아야 하는데, 그 이유는 치열한 경쟁과 시장의 관측[이 중
요해진] 시대에는 수요의 아주 작은 변화가 기업의 대차 대
조표를 흑자로도 적자로도 만들 수 있기 때문이다.

포드주의에서 포스트포드주의로의 이행, 계획 생산에
서 점점 더 시장의 모든 변덕에 의해 추동되는 생산으로의
이행은 매우 주의 깊게 분석되어야 한다. 바로 여기에 가장
중요한 변화들이 실제로 존재하기 때문이다.

포드주의 생산양식과 관련하여 우리가 "유연 생산", 또
는 "저스트인타임"이라고 부르는 것의 가장 뚜렷한 특성들
에 대한 연구에서 가장 유용한 것은, **소통** 과정 속에서 오
늘날의 사회적·정치적 변형들의 핵심을 발견하는 것이다.
우리는 유연 생산이 소통, 즉 정보의 흐름을 생산 과정 속

으로 직접 끌어들였다고 말할 수 있을 것이다. 포드주의 생산양식에서 소통과 생산이 나란히 놓여 있었다면, 이 새로운 생산양식에서 소통과 생산은 중첩된다.

다음에서 볼 수 있듯이, 소통의 새로운 역할에는 신비로운 것이라곤 하나도 없다. 소비자의 제한된 구매력, 그리하여 초과 생산을 흡수할 수 있는 시장의 능력 면에서의 제한된 구매력으로 인해 과포화된 시장에 직면했을 때, 생산양식은 초과 재고를 창출하지 않으면서 생산성을 향상시키기 위해 자신을 조정하고 재구조화할 수밖에 없었다. 생산성 이득productivity gains은 더 이상 "규모의 경제" 내부에서 일어나지 않는다. 이것들은 포드주의에서는 생산된 재화의 양의 증대(그리하여 단가의 하락)에 의해 창출되었지만, [오늘날 포스트포드주의에서는] 불량 제로 제품으로 환원되고 그리하여 시장의 변동에 즉각적으로 반응하는 다품종 제품들의 소량 생산에 결부된다.

시장의 수요를 초과하는 모든 것이 제거되어야 한다는 의미에서 공장은 필연적으로 "최소주의적"으로 되었다. 사람들은 또한 "무재고" 전략에 대해 이야기했다. 판매되지 않은 제품이 늘어나는 것을 인지하자마자 과잉생산의 원인들을 제거하기 위해 즉각적으로 개입하게 되었다. 그러한 개입이 노동자들의 제거를 의미하건 기계의 제거를 의미하건 말이다. 중요한 것은 수요와 관련한 모든 여분의 제거, 노동과정 동안에 쌓인 모든 "오물들"을 제거하는 것이다.

이제 사람들은 한때 전기가 기계 생산의 시대에 중요했던 것만큼 소통 – 그리고 정보 흐름으로서의 소통의 조직화 – 이 중요하게 되었다는 것을 이해한다. 사실상 소통은 판매와 유통 단계에서 생산 단계에 이르는 전체 생산과정의 부드러운 운영을 보증하는 윤활유다. 실제로 소통은 우리가 생산과 소비7, 공급과 수요 관계의 **전도**를 인식하도록 해주고, 생산과정이 가장 유연한 방식으로 구조화가 가능하도록 해주며, 피고용인들의 노동 습관에 의해 구성된 모든 경직된 것들을 파열시킨다.

생산과정을 규제하는 전략적 기능과 관련된 유통의 관점에서 볼 때, 슈퍼마켓 계산대에 모든 제품들의 바코드 정보를 읽어내는 광 스캐너를 도입한 것은 공급과 수요, 생산과 소비 사이에서 일어난 전도의 한 사례다. 광 스캐너는 소매와 비교해 볼 때, 매장 면적, 포장, 색깔 등등의 관점에서 제품의 "직접적인 수익성"이나 더 대규모의 소비의 기간(이나 심지어 시간), 양의 측면에서 모든 데이터에 대한 가공할 만한 정보수집기다. 이와 마찬가지로, 신용카드로 지

---

7. 미국에서 바코드와 관련된 최초의 합의는 1973년 4월 3일까지 거슬러 올라간다.

불할 기회는 판매 및 유통 단계가 소비자와 관련한 모든 유용한 데이터를 수집하기 위한 장소가 되도록 만들었다. 이것으로써 재화와 서비스의 대량 소비의 개인화(즉 "단수화"singularization)가 가능해진다.[8]

정보 과학기술이 유통 영역에 적용될 때 이 과학기술은 재화의 생산자들과 관련된 거대 유통 대리점들에 더 많은 권력을 부여했는데, 이것은 대리점들이 정확히 어떤 제품의 홍보뿐만 아니라 또한 제품의 "수명"을 통제하는 데 불가결한 정보 수집에서 전략적 지위를 점하기 때문이었다. 고객들로부터 흘러나온 데이터 흐름에 대한 통제권을 쥐고 있던 소매 대리점들은 이제 생산된 제품의 시기와 양을 결정하는 지위에 있다. 새로운 포스트포드주의 체계에서 유효 판매[거래]는 직접적으로 주문을, 그리하여 생산을 "명령한다."

생산의 관점에서 볼 때, 포드주의 시대와 관련된 노동 조직에서 일어난 가장 스펙터클한 변화들 역시 소통 과정들의 기능이다.[9] 이 새로운 방향의 거의 상징적이랄 수 있

---

8. 다음을 보라. Alvin Toffler, *Powershift : Knowledge, Wealth and Violence at the Edge of the 21st Century* (New York : Bantam Books, 1990) [앨빈 토플러, 『권력이동』, 이규행 옮김, 한국경제신문, 1990]. 특히 1~3장을 읽기를 추천한다.

9. 다음을 보라. Benjamin Coriat, *Penser à l'envers* (Paris Christian Bour-

는 표현은 간판Kan-Ban 10이다. 간판은 주문 요청서로도 기능하고 배달 통지서로도 기능하는 선적 송장shipping cards에 일종의 꼬리표를 부착하는 것이다. 간판은 어떠한 중앙[집중적인] 계획도 필요로 하지 않고 앞뒤로 수평적으로 움직이는 정보 흐름에 힘입어 상이한 노동 지위들을 조정하는 메커니즘이다.

포드주의에서 일일, 월중, 연중 계획은 직접적인 작업에서 분리된 사무실에서 결정되며, 작업 흐름은 생산의 최초 단계에서 마지막 단계에 이르기까지 계속 진행된다. 새로운 체계에서 계획은 사실상 마지막 단계에 의해, 즉 시장의 반응에 대한 관찰에 의해 결정되며, 전체 작업 흐름은 생

---

geois, 1991). 같은 저자가 쓴 다음 글도 참고하라. "Ohno et l'école japonaise de gestion de producton : un point de vue d'ensemble[생산 관리에 대한 일본 학파에 대하여 : 전체적인 관점에서]," in Helen Sumko Hirata, ed., *Autour du modèle japonais* (Paris : L'Harmattan, 1992). 또 한 다음을 보라. Giuseppe Bonazzi, "Qualità totale e produzione snella : la lezione giapponses presa sul serio[유연 생산과 종합 품질 : 일 본에서 배우는 진지한 교훈]," *Il Mulino*, 346(1993). 포스트포드주의 패 러다임에 대한 분석과 서지에 대해서는 다음도 보라. Umberto Russi, "L'imagination au travail"[노동의 상상력](Mémoire de maîtrise en Sciences Sociales, Université de Lausanne, 1994).

10. [옮긴이] 일본어로 '간판'(看板)은 부품명, 납품시간 및 수량을 표시한 '작 업지시서'를 뜻한다. 일본의 도요타 자동차가 개발한 생산관리 방식이자 '필요한 것을 필요한 때 필요한 만큼 생산한다'는 재고 조달 방식으로 '저 스트인타임 시스템'과 같은 뜻이다.

산될 필요가 있는 재화의 양에 대한 정보를 출발점으로 해서 조직된다.

소통과 생산은 중첩된다. 그리고 이것들은 사실상 이제 동일한 것이 된다. 포드주의에서 소통은 생산을 배제했고, 조립라인은 조용했으며, 화이트칼라 관리자들이 수립한 방침들을 기계적으로 집행했다. 하지만 오늘날 포스트포드주의에서는 "이야기를 하는", "소통하는" 생산과정이 존재하며, 이 체계에서 사용되는 과학기술들은 참된 "언어 기계들"로 간주될 수 있다. 이 기계들의 주요 초점은 데이터의 순환을 용이하게 하고 가속화하는 것이다.

포드주의에서, 생산 공간에서의 소통은 생산을 실제로 멈출 수 있는 불안정한 방해로 간주되었다. 조용히 일을 하거나, 말할 필요가 있을 때에는 생산과정을 멈춰야 했다. 포스트포드주의 체계에서는 이와 달리, 소통의 [생산과정 속으로의] 포함은 직접적인 생산적 가치를 갖는다.[11]

노동과정은 소통 과정들이 생산 속으로 삽입되는 것에

---

11. 다음을 보라. Paolo Virno, *Convenzione e materialismo : L'unicità senza aurea* [관습과 유물론 : 아우라 없는 독특함] (Rome : Theoria, 1986). 같은 필자의 다음도 보라. *Mondanità : L'idea di "mondo" tra esperienza sensibile e sfera pubblica* [세속적인 것 : 감각적 경험과 공적 영역 사이의 "세계" 관념] (Rome : Manifestolibri, 1994). 이 텍스트들은 포스트포드주의로 대표되는 패러다임 변동에 대한 분석에 본질적이다.

의해 철저히 좌우될 수밖에 없다. 노동과정은 가능한 한 유연하게 되어야 하며, 그것의 구조는 부드러워야 하고, 무엇보다도 그 노동력은 다면적일 필요가 있으며, 주저 없이 하나의 과제에서 다음 과제로, 하나의 기계에서 다음 기계로 이동할 필요가 있다. 생산의 공간은 최대한의 가시성을 보증해야 한다. 다시 말해 우리는 "상품진열창" 안에서 작업해야 한다. 생산 흐름에서의 모든 객관적이거나 주관적인 간섭을 피하고 바로 그 순간 순환하는 모든 정보를 포획하기 위해서 말이다.

다시 한 번 말하자면, 포드주의적인 노동 방식과 비교되는 질적 차이를 주목할 가치가 있다. 포드주의에서는 테일러의 명령에 따라 전문화된 노동력이 하루 종일 동일한 동작을 반복할 수 있도록 분할될 필요가 있었던 반면, 포스트포드주의에서 "이상적인" 노동력은 리듬과 기능상의 변화들에 반응하는 고도의 적응능력adaptability을 지니고 있다. 이 노동력은 정보 흐름들을 "읽을" 수 있고 소통하면서 노동할 수 있는 다중작업multi-operatoinal 노동력이 되어야 한다. 포스트포드주의적 노동은 이전의 명백히 다른 기능들을 재결합하는 것, 즉 한 사람의 개별 노동자 속에 전반적인 일련의 간부 역할들을 "재배치"하는 것을 함축한다. 미국인들은 이 과정을 리엔지니어링이라고 부른다.

하지만 우리는 포스트포드주의적인 조직 모형들의 명세들을 서술하는 데 너무 많은 시간을 허비하면 안 된다. 사실 그것들 중의 일부[만] 존재하며, 최소한 지금까지는 그것들 중 어느 것도 보편적으로 채택되어 오지 않았다.[12] 결정적인 것은 포스트포드주의적인 생산양식에서 일어난 근본적인 변형의 토대에 생산과 소통의 융합, (철학계의 표현을 사용하자면) "기계적인" 행위와 "소통적인" 행위의 융합이 존재한다는 것을 이해하는 것이다. 물리적 배치(하드웨어) 즉 고정자본으로서의 가치가 아니라 데이터 수집 능력(소프트웨어)에 훨씬 더 중요성을 갖는 언어적 기계들을 사용하는, "말하는" 생산 속으로의 소통의 삽입은 생산 영역과 유통 영역 간의 고전적인 관계에서 발생한 위기의 역사적 결과다.

자동차나 가전기기들처럼 포드주의의 역사를 만들었던 고전적인 재화들이 지금까지 그 양적 유통이 한계에 다다르고 있는 "완성된" 제품들이기 때문이건, 또는 소비 인구의 구매력이 침체되거나 심지어 감소되고 있기 때문이건,

---

12. 이것이 로니 비앙스가 다음과 같은 제목의 박사 논문에서 도달한 가장 중요한 결론들 중의 하나인 것 같다. *Le modèle industriel Italien : réflexion théorique et historique des années 80*[이탈리아의 산업 모형 : 80년대에 대한 이론적·역사적 성찰](Université de Paris 13, September 1994).

시장이 과잉 공급되면 생산과정에 대변혁이 일어날 필요가 있다. 이제부터 고도로 표준화된 많은 양의 재화를 생산하거나, 뭐라고 확실히 예측할 수는 없지만 장차 결국엔 팔릴 것이라고 생각하면서 재고품들을 쌓아두는 것은 더 이상 가능하지 않을 것이다(포드주의 시대에 이것은 "저스트인케이스"just-in-case 생산으로 불렸다). "규모의 경제"에 따라 생산하는 것은 가능하지 않을 것이다. 그와 반대로 제한된 양의 차별화된 재화를 생산할 필요가 있을 것이다. 이 재화는 소비자들의 변화하는 "취향"에 따라 다양할 것이다. 소비자에게 더 잘 접근하기 위해 가능한 한 그들에 대해 잘 알 필요가 있을 것이다. 동시에 생산성 증대를 실현하기 위한 가장 좋은 방법을 찾아내기 위해 노력해야 할 것이다.

2. 일본으로부터의 기원들

포스트포드주의적인 생산 및 유통 모형들은 1950년대 일본의 도요타 공장에서 탄생했다(그래서 유연 생산의 특징을 나타내기 위해 종종 **도요타주의**라는 용어가 사용되었다). 이것은 당시 일본의 사회경제적 특성들에 의해 설명될 수 있다. 우리는 이것들 중에서 적어도 두 가지를 언급해 둘 필요가 있다. 첫 번째 특징은, 제한된 시장이 대량 생산에 적합한 이미 입증된 미국식 기술들 ― 이 기술들은 대량 소비 또는 적어도 예측 가능한 확장을 전제로 했다 ― 을 단순하게 채택하는 것을 불가능하게 만들었다는 것이다.[13] 실제로 도요타주의가 점차 일본으로부터 서구 경제로 소개되면서 1974~1975년의 경기후퇴와 함께 시작된 위기(최초의 긴축 정책의 시작을 알린 석유 위기)가 이어졌으며 계속해서 1980년대의 신자유주의적 정책들이 채택되었다.

포스트포드주의가 일본에서 탄생하게 된 두 번째 이유는 (비록 단지 부분적이기는 하지만) 일본 경제의 독특한 특징들과 관련된다. 도요타 공장에서 일어난 작업 혁명의 기원들은 금융위기(1949), 대파업(1950), 한국전쟁에서 발견될 수 있다. 1949년 도요타가 겪은 금융위기는 1948년 일본 정부가 채택한 긴축 정책들의 결과였으며, 이로 인해 수요의 하락이 일어났고 그때부터 도요타 제품의 판매 위기가 발생했다. 도요타의 금융위기는 결국 도요타가, 회사

---

13. 다음을 보라. Robert Boyer and André Orléan, "Les transformations des conventions salariales entre théorie et histoire : D'Henry Ford au fordisme[이론과 역사에서 드러나는 임금 협약의 변형들 : 헨리 포드에서 포드주의로]," in *Revue Economique* (March 1992, 2), 233~272.

에 급격한 노동 인구 감축을 강제하고 실제 판매와 직접적으로 연동된 생산 계획을 강제할 은행 채권단에 의존할 수밖에 없도록 만들었다.

1950년 파업, 그리고 마찬가지로 1952년과 1953년에 잇따라 일어났던 파업들은 전문 노동조합들에 가입한 노동계급의 마지막 저항 시도일 것이다. 이때의 패배로 인해 전문 노동조합들은 어용 노조로 탈바꿈했다. 뒤집을 수 없는 전문 노동조합의 위기를 특징으로 하는 이러한 변화는, 당시 산업 "합리화"와 임금 삭감에 맞서기 위해 대규모 노동조합들에 가입한 노동계급의 파괴를 불러왔다. 이 노동계급의 파괴는 오노[14]가 시작한 새로운 생산 방법들의 도입에 필수적이었다. 오노는 사실상 테일러의 일본판 화신이었으나, 유연 생산의 최초의 이론가이기도 했다. 이러한 목표를 염두에 둘 때, 회사의 목표를 충실히 따르고 회사의 명령에 순종하며 회사의 운명과 자신의 운명을 동일시할 준비가 되어 있는 기업가적 영혼을 강하게 지니고 있는 노동계급이 창출될 필요가 있었다. 이것은 한국전쟁 동안에 특히 그러하였는데, 이때 도요타는 노동자를 새롭게 고

---

14. [옮긴이] "오노 다이치"는 도요타 전 부사장으로서 도요타시스템의 창사자로 알려져 있다. 1945년 생산과장으로 도요타에 부임한 그는 생산부문의 경비 절감을 위해 유연 생산 시스템을 설계했다고 한다.

용하지 않으면서 미국 측의 수요 급상승에 대응해야 하는 역설적인 상황에 놓여 있었다.

우리는 이러한 역사적 환경들 속에서, 이후 10년 동안 서방에서 도요타주의가 확산되는 것을 설명해 주는 논거들을 쉽게 발견할 수 있다. 1980년대 동안 신자유주의 정책들은 사실상 생산을 흡수할 수 있는 시장의 능력을 떨어뜨렸는데, 이것은 실질임금의 하락과 국가의 사회적 지출 축소 때문이었다. 하지만 문화적으로 볼 때, 1968년부터 전 세계적으로 투쟁의 바람이 분 뒤 서방에서의 포드주의 모형은 위기에 처해 있었다. 이러한 투쟁들에서 핵심적이었던 것은 대중노동자 착취에 대한 비판이었다. 여기에는 평생 작업 현장에서의 복무와는 다른 방도를 제공해 줄 교육에 대한 요구가 수반되었다.

1970년대의 사회적, 경제적, 정치적 위기 동안, 포드주의의 생산 및 조직 모형들은 약해지기 시작하지만, 그 포드주의 모형들이 의존하는 사회적·문화적 모형들의 위기 또한 마찬가지로 중요하다. 초소^{micro}기업들 속으로의 생산의 분배, 급성장하는 생태운동이 지지한 "과학기술적 금욕" 개념(1970년대를 상징하는 "작은 것이 아름답다"는 철학), 보다 지적인 종류의 노동 조직, 생활 형태로서의 임금노동에 대한 "거부", 이것들은 모두 새로운 생산·발전 패러다임의 구축에 점점 기여할 것이다.

3. 혁신과 정치 형태들

포드주의에서 포스트포드주의로의 이행은, 항상 역사 탐구의 목표였던, 산업기술, 과학기술, 조직모형 들의 확산을 시기 구분하는 방법에 대한 연구에 새로운 활기를 불어넣는다. 기술 혁신과 발명만으로는 진정으로 획기적인 사회경제적 변형들을 설명할 수 없다는 것은 확실하다. 기술적 고찰을 통해서는 1950년대 일본에서 일어났던 것이 왜 서방에 도달하는 데 거의 30년을 기다려야 했는지 설명할 수 없을 것이다.

이와 관련해서는 수많은 역사적 선례들이 존재한다.[15] 고전적 사례는 기계로 작동되는 수확기다. 이 기계의 발명은 1780년까지 거슬러 올라가지만, 이 기계의 활용은 그로부터 80년이 지난 미국 남북전쟁 중에 일반화되었는데, 그

---

15. 다음을 보라. Massimo Cacciari, "All'origine del concetto di innovazione : Scumpeter e Weber" [혁신 개념의 기원 : 슘페터와 베버], in *Pensiero negativo e razionalizzazione* [부정적 사유와 합리화](Marsilio: Venezia 1977).

것은 농업 노동자의 급감 때문이었다. 전쟁이 초래한 생활 여건과 사회관계들에서 일어난 상처 깊은 변화는 농업의 혁신 과정을 시작하는 데 본질적이었다. 이 과정은 겨우 30년 만에 모든 사회화된 생산 활동들 중에서 가장 낡은 것들을 근본적으로 변혁했다. 대규모의 노동 인구의 고용을 동반했던 수확은 주로 생계 수단(생활용품)의 생산에 토대를 두는 경제에서 필수적인 활동이었을 뿐만 아니라, 전통적인 생활양식의 일부, 사회적 불평등과 정치적 불안정을 야기하지 않고는 변화될 수 없는 사회관계 및 권력 분배 체계의 일부였다.

다시 말해, 전쟁이나 사회 위기 같은 외부적 충격이 필요할 수도 있다. 사회적·정치적 합의에 쉽게 도달할 수 있는 "정상적인" 시기에는 적용될 수 없었을 생산 및 소비 체계에 적용하기 위한 조건들을 창출하기 위해서는 말이다. 의심할 바 없이, 사회적 불안정, (원료 가격을 둘러싸고 일어난) 남/북관계의 위기, 포드주의 노동 윤리의 쇠퇴로 점철된 1970년대야말로 독특한 나라(일본)과 한 군데 회사(도요타)에서 탄생한 생산 및 조직 모형의 일반화를 위한 조건들을 창출했다. 다른 한편 포드주의 역시 포드의 공장들에서 출현했는데, 나중에서야 모든 서구 경제들에 채택되었다. 그렇다 하더라도 채택 과정에는 언제나 어려움이 따랐으며 원래의 모형과 관련해서 수많은 변화들을 겪었다. 역사적 분석의 렌즈를 통해서 볼 때, 혁신적인 일개 회사에서 경제 체계로의 이행, 초소[기업]에서 거대[체계]로의 제도적 이행은 때로는 역설적으로 보인다. 따라서 임금 관계의 관점에서 볼 때, 도요타주의가 원래 세기 초 자신의 회사를 경영하기 위해 포드가 고안한 가부장주의paternalism에 가까웠다면, 미국의 포드주의는 실제로 포드의 생각과는 반대 방향으로 진화할 것이다.[16] 포드주의의 특징을 이루는 단체임금교섭의 점진적인 출현은 국가, 노동조합, 사적 고용주 간의 협상의 결과이지, 일개 회사를 위해 포드가 설교한 임금 가부장주의는 전혀 아니었다. 어떤 예언자도 고향에서는 환영을 받지 못하는 법이다[누구도 고향에서는 예언자가 아닌 법이다].[17]

포드주의와 포스트포드주의 사이의 과도기는 또 하나의 무시할 수 없는 정치적·제도적 현상들을 밝혀준다. 새로운 과학기술적·조직적 "도약들"은 원래 본질적으로 기술

16. 다음을 보라. André Gorz, *Critique of Economic Reason* (London : Verso, 1989/2011). 그리고 다음 역시 참고하라. Zygmunt Bauman, *Memories of Class : The Pre-History and After-Life of Class* (London : Routledge, 1982).

17. [옮긴이] 성경 루카(4, 24)에 다음과 같은 구절이 보인다. "Nemo propheta acceptus est in patria sua."(어떤 예언자도 자기 고향에서는 환영을 받지 못한다.)

적이지 않다. 오히려 그것들은 과학 연구에 대한 "미리 정해진" 방대한 투자액의 함수다. 이것은 과학 학회, 연구 센터들, 교육 시설들의 변형으로 완수된다. 이러한 현상들의 핵심에는 사교계, 일상들, 기존의 권력 관계들을 파괴하는 혁신 과정들에 행사된 정치적 통제라는 논점이 존재한다. 오스트리아의 경제학자인 슘페터가 이론화한 도요타나 포드 같은 리더, 즉 천재적인 혁신 기업가만으로 사회 변형의 일반적인 과정을 시작하기에는 충분하지 않다. 개별 기업가는 과학의 수렴, 연구, 그리고 사회에 대한 사회정치학적 통제 등을 통해 기업 행동에 실현된 새로운 관계에서 파생하는 정치적 문제들을 이해할 수 없다.[18] 기업가라는 인물은 혁신적 연구를 불균형들에 대한 관리와 종합할 수도 없으며, 새로운 조직 및 생산 기술들의 확산에 내재하는 부조화들을 나머지 사회와 종합할 수도 없다.

포스트포드주의로의 이행에서 기업가정신과 정치학 사이의 관계, 혁신의 주체와 정치적 주체 사이의 관계라는 논점은 완전히 새로운 맥락 속에서 등장한다. 포드주의에서 기업가적 혁신과 그 결과들을 정치적으로 관리하는 것의 분리는 두 체계들의 결정적 핵심들이 **질적으로 달랐다**는

---

18. 다음을 보라. Virno, *Convenzione e materialismo* [관습과 유물론], 81~85.

사실 위에 정초되었다. 한편에는 혁신들과 재조직[화]들을 갖춘 생산 영역이 존재했고, 다른 한편에는 정치-행정 영역이 존재했는데 그 주요 임무는 재구조화 과정들의 결과들을 관리, 중재, 규제하는 것이었다. 혁신을 결정하는 주체가 존재했으며, 그 결과들을 이해해야 했던 또 다른 주체가 존재했다. 한 주체는 혁신 과정을 유지하는 책임을 맡고 있었으며, 또 다른 주체는 사회 구성에 대한, 그리고 일반적인 경제적 평형에 대한 그 결과들에 대응해야 했다. 혁신적 기업가를 위한 언어가 존재했으며, 경제적 경영을 위한, 그리고 국가의 정치-관료적 통치를 위한 또 다른 언어가 존재했다.

소통이 생산 영역으로 진입함으로써 기업가정신과 정치학의 분리는 다소 교란된다. 이것이 [다음과 같은] 오늘날의 주요 문제의 기원들에 존재하는 것으로, 결코 해결되지 않고 있다. 포스트포드주의 체제의 특징을 이루는 정치-제도적 형태는 무엇인가? 이것은 생산양식 상의 변형들에서 직접적으로 파생하는 개방적이면서도 매우 복잡한 물음이다.

4. 언어 기계들

우리가 포스트포드주의에서 소통이 생산에 참여한다고 말할 때, 소통이 직접적인 생산적 요인이라고 말할 때, 우리는 사실상 인간 소통의 토대에 존재하는 언어 자체를 문제 삼고 있는 것이다. 새로운 패러다임 안에서 소통적 행동과 생산적 행동의 동시 발생은 복잡한 만큼 매력적인, 언어 분석과 관련된 수많은 문제들을 열어젖힌다. 이 연구가 지니고 있는 한계로 인하여, 여기에서는 소통이 생산에 들어오면서 발생하는 문제들에 대한 소모적 논쟁은 다루지 않는다. 우리는 단지 "소통적인 생산양식"과 그것이 낳는 정치적 결과들 간의 몇 가지 접속들과 상호관계들을 지적할 수 있을 뿐이다.

우선, 문제에 대한 정의부터 내려 보자. 포드주의 시대와 관련해서 우리는 기업가정신의 경제적 세계와 정치 체계들 간의 분리, 제도들과 행정, 기업가들과 정치가들, 혁신들과 응용 간의 분리에 대해 이야기했다. 이러한 분리는 언제나 실용적이었으며, 그 주체의 조작 능력들을 더 잘 정의하는 데 도움을 주었으며, 그리하여 그를 "[기업을] 운영하는 사람들"이나 "정계에 몸담은 사람들" 중 어느 하나로 분류하는 데 도움을 주었다.

이 두 영역들 사이에는 언제나 상호적인 기능성의 관계가 존재했다. 기업가의 중요한 행위는 정치가의 발의[주도] 없이는 불가능한 것이다. 단일 회사에서조차 생산라인에서 노동자가 수행한 행위들은 화이트칼라 관리자들의 공동 계획에 의존하며, 그 역도 마찬가지다. 산업 생산의 초창기 이래 노동자들은 언제나 생산과정을 개선하기 위해 그들의 기술적 제안들을 제시하라는 요청을 받아 왔는데, 이것은 기계 장치의 변용 또는 노동 습관 조직의 변용, 어느 한쪽으로 귀결되었다. 하지만 요점은 개별 노동자와 관리자 사이에서 오고 간 비밀스러운 또는 적어도 사적인 정보에 대해 그러는 것처럼, 그 제안들이 작업 현장에 위치한 별도의 상자에 담겨야 했다는 사실이다.

본질적으로 역사적이며 시대에 따라 변화하는 이러한 기능적 분리는, 우리가 상이한 논리와 언어 들을 다루고 있다는 바로 그 이유 때문에, 통치에서 이루어지는 변형들의 바로 그 기원에 존재한다. 앙드레 고르가 노동의 변태變態에 대한 그의 연구의 서두에서 전前산업적 생산양식과 산업적 생산양식의 과도기에 대한 막스 베버의 서술을 인용하는 이유가 바로 이것이다.[19]

---

19. 다음을 보라. André Gorz, *Critique of Economic Reason*.

산업 자본주의 이전에 생산 영역은 대부분 가정과 독립적인 장인 노동의 영역에 연결되어 있었다. 이것이 생산시간과 생산양식을 결정했다. 심지어 경영자들은 재택 노동자들을 활용할 때, 생산을 완수하기 위해 노동자들이 가족 내 관계들을 형성하는 방법과 관련해 많은 여지의 자율을 노동자들에게 남겨두었다. 기업가는 그 과정의 끝에 가서야 나타났을 뿐이다.

전통에 뿌리를 둔 이 자본주의적 조직 형태는 그 나름의 명백한 합리성을 지니고 있었다. 생활방식, 이윤 폭, 생산된 노동량, 기업을 관리하고 기업가와 노동자 간의 관계들을 관리하는 방식 등은 본성상 전통적이었다. 이 관계들은 사업을 하는 방식을 좌우했으며, 전(前)산업적 기업가 같은 종류의 "영혼"과 윤리에 종속되었다.

베버는 기업가가 전통적인 층위들을 넘어 자신의 사업을 확대하기로 결정할 때 그가 어째서 가까운 회사close factory 20를 설립하고 이전에 완전히 다른 논리에 의해 자기 집에서 그[기업가]를 위해 일했던 노동자들을 고용하는, 그의 생산적인 조직 형태를 근본적으로 변형할 필요가 있는

---

20. [옮긴이] 베버의 공업 입지론에 따르면 최소 비용으로 제품 생산이 가능한 장소가 공업의 최적 입지로서, 생산비 중 운송비가 공업 입지 결정의 가장 중요한 요인이다.

지 설명했다. 이렇게 해서 임금노동이 출현했으며, 이와 더불어 새로운 합리성, 가장 엄밀한 의미에서의 경제적 합리성이 출현했다. 베버는 자본주의적 합리성이 — 이제 "경제적 인간"이 자기가 하는 일의 한 기능으로, 또 자신이 속한 기업의 한 기능으로 존재하기를 바라는 것이지 그 반대가 아니기 때문에 — "비합리적인 요소"로부터 태어난다고 단언하는 데까지 나아간다. 어쨌든 이것은 자신을 자본의 유일한 합리성으로 내세울 것이지만, 베버는 전(前)산업시대와 산업시대의 과도기를 재구축하는 과정에서 사실상 합리성들의 복수성 plurality의 실존을 간파했다. 오직 단 하나의 합리성만이 존재할 수 있느냐 하는 것은, 경제적 합리성이 어떻게 사회를 통치하는가에, 그것이 어떻게 다른 모든 가능한 합리성들과 생활 형태들 위로 자신을 부과하는가에 달려 있다. 그것은 이러한 합리성을 기능적으로 대의하기 위해 자신을 가장 잘 조직하는 정치 형태에 달려 있는 것이다.

산업 자본주의의 토대인 산업 노동과 정치 형태의 상호작용은 19세기 초 헤겔에 의해 상세하게 고찰된다.[21] 헤겔은 노동과 통치 사이에 논리적인 연쇄를 설정한다. 우선 도구적 행위instrumental action인 노동에 대해 말하자면, 노동은

---

21. 다음을 보라. Virno, *Convenzione e materialismo*, 81~85.

개인과 그가 필요로 하는 객체[사물] 사이의 도구적 관계에 기초하고 있다. 노동의 세계는 노동에 전념하는 사람들의 이질적인 집합이며, 이들 각자는 자신의 개인적 필요를 충족시킬 목적으로 자연과 투쟁을 벌인다. 무수한 인간 존재가 노동의 분할 및 전문화의 논리에 따라 "목표를 가지고 행동하는" 이 세계에서, 모든 활동들은 무언無言의 활동이다. 목표를 가지고 행동한다는 것은 예정된 결과에 도달하기 위해 기계적으로 작동하는 도구를 갖는다는 것을 의미한다. 소통은 사실상 독백이다. 소통은 기획(또는 목표)으로부터 최종적 결과, 즉 제품으로 한 방향으로만 흐를 뿐이다. 기획과 그것의 실현 사이에 실행의 계기가 존재하며, 실행은 기계적이고 침묵적이며, 여기에서는 "결과가 수단을 정당화한다."

이런 이유로 헤겔은 소통을 직접적으로 생산적인 모든 과정들 외부에 두며, 그리하여 도구적 활동과 소통적 활동 사이에 논리적인 차이를 설정한다. 사람들의 "영혼"의 토대를 형성하는 의식들 사이를 흐르는 "대화의 실"이자 서로 다른 활동들에 참여하는 주체들의 집합적인 반영인 소통은 체계를 규정한다. 체계라는 이 껍질 안에서 사회는 자신의 사회적, 법률적, 제도적 관계들을 구축한다. 결국, 개별적인 경제 주체들 간의 소통적 상호작용의 토대 위에 세워진 사회적·정치적 체계는 그 주체들에 대해 **반작용적으로** 작동하고, 그들을 — 말하자면 — 체계 속에 다시 배치한다. 노동이 "소통에 의해" 그 자신의 사회, 제도들, 정부들을 생산한 것과 마찬가지로, 후자[사회, 제도들, 정부들]은 규칙, 법률, 규범, 금지, 분배 메커니즘 들을 설정함으로써 경제 주체들을 재생산한다.

포스트포드주의가 더 이상 생산을 소통에서 분리시키지 않고, 생산과 소통의 동시 발생을 경제 발전의 바로 그 지렛대로 만들기 때문에, [우리가] 해야 할 첫 번째 일은 우리가 기술하고 있는 소통, 더 정확히 말하자면 언어가 어떤 종류의 것인지 규정하는 것이다. 이 언어는 노동의 영역 안에서, 공장 내부에서 **조직을 생산하는** 종류의 언어이다. 생산을 시장의 동요에 더 잘 묶어두기 위해, 노동 과정은 정보 순환의 유동성을 최대화하고 시장의 수요에 실시간으로 대응하기 위해 구조화된다. 그래서 정보는 명확한 목적을 이끌어내는 것을 기능으로 하는 유연하고 기민한 언어를 사용할 것이다. 이 언어는 정보 전송을 할 때 핵심적인 작업 공정working routine을 시작할 수 있도록 해 주는 **논리-형식적**logico-formal 언어일 것이다.

이러한 종류의 언어는 가능하다면 형식적일formal 필요가 있을 것이다. 이 언어는 상징, 기호, 추상적 코드로 구성되어야 하며, 이는 이 언어가 아무런 주저함도 없이 동일한 회사에서 작업하는 사람들에 의한 직접적인 해석을 제거해야 한다면 절대적으로 필요한 조건이다. 이 언어의 추상과 인공성은 계속해서 이동하(고, 극히 불안정한 인력 시장에 필수적인, 이 일에서 저 일로 옮겨다니)는 노동자들이 그 언어를 이해하고 데이터에 의해 소통되는 "질서들"에 대응하는 데, 그리고 그 언어를 이용하는 데 기여한다.

형식적(추상적, 인공적, 완전하게 상징적)이 되는 것 외에, 이 언어는 또한 **논리적일**logical 필요가 있다. 왜냐하면 사람들이 회사 안에서(즉 "네트워크화된 생산"의 체계 내에서, 일부 회사들 안에서), 다시 말해 사람들의 행위들이 다른 사람들의 행위들과 충돌하지 않고 오히려 그 행위들을 지원하고 확장할 필요가 있는 "사회적 커뮤니티" 내부에서 그 언어를 사용할 수 있는 것은 언어 규칙들과 문법 덕분이기 때문이다.

형식적-논리적 언어는 영국의 수학자 앨런 튜링이 1936년에 이론화한 "언어 기계"의 기초에 놓여 있었다. 이 기계는 오늘날의 정보 과학기술의 기원을 이루고 있다.[22] 이 기

---

22. 새로운 과학기술의 기초적인 "원리"인 "튜링 기계"에 대해서는 다음을 참조하라. Joseph Weizenbaum, *Computer Power and Human reason : From Judgement to Calculation* (New York : Freeman, 1995).

계는 "언어" 기계로서, 기호들이 한 구간과 다른 구간 사이에서 앞뒤로 왔다 갔다 하는 자기磁氣적인 "조립라인" 위에서 움직이는 문법의 조직을 가장 중요한 요소로 한다.

생산과정을 언어적으로 조직하는 것이 단지 "튜링 기계"와 정보 과학기술의 특징을 이루는 것은 아니다. 그와 동일한 경영 모형들이 앨런 튜링이 표현한 원리들에서 영감을 얻는다. 이 모형들의 목표는 회사를 부드럽고, 유동적이며, "접속된"interfaced 언어적 소통 과정에 의해 회사의 행위들을 자기결정self-determine할 수 있는 "데이터뱅크"로 조직하는 것이다.

5. 정치적 과학기술로서의 언어

우리는 이제 언어와 소통을 민주주의의 잠재력을 개선하고 강화할 수 있는 수단으로 간주하는 정치 이론들을 분석하는 것이 왜 근본적인지를 이해할 수 있다. 우리는 "소통 행위"[23]에 대한 위르겐 하버마스의 이론에 대해 생각

---

23. Jürgen Habermas, *The Theory of Communicative Action. Reason and the Rationalization of Society* (London : Atheneum Press, 1986) [위르겐 하버마스, 『의사소통행위이론1 : 행위합리성과 사회합리화』, 장춘

하고 있는데, 이 이론의 가장 큰 장점은 민주주의와 자유라는 커다란 정치적 문제들을 언어의 평면 위에 놓는다는데 있다.

하버마스가 보기에 우리가 집단적 이익과 필요, 또한 소위 **일반 지성**을 참조함으로써 사회의 협치governance를 당연하게 여기고 정당화할 수 있는 것은 "소통 행위", 즉 언어적-담론적 중개에 대한 의존 때문이다. "담론적 민주주의" 이론에 따르면, 우리가 순수한 소여, 단순 규범, 순수하게 기술적-수단적 요인을 넘어서 갈 수 있는 것은 언어 덕분이다.

언어적 중개는 진리를 향한 협력적이고 합의적인 추구 가능성을 결정한다. 하버마스에 따르면, 우리가 사용하는 언어는 모든 인간에게 **공통적인** "실질적[내용적] 합리성"을 지니고 있다. 이것은 소통에서 출현하여 사회를 개선하고 조직할 수 있다.

이 실질적 합리성은 헤겔이 말하는 개인들의 생산적

익 옮김, 나남출판, 2006]과 *The Philosophical Discourse of Modernity : Twelve Lectures* (Cambridge : MIT Press, 1998) [위르겐 하버마스, 『현대성의 철학적 담론』, 이진우 옮김, 문예출판사, 1994]를 보라. 다음의 편집본도 매우 유용한 출판물이다. Marcello and Virginio Pedroni, *Fondazione e critica della communicazione : Studi su Habermas*[소통의 정초와 비판 : 하버마스에 대한 연구](Milan : Angeli, 1992).

활동과 유사하다. 이것은 모든 사람들의 "생활세계"lively world에 속하는 것으로, 소통적 행동에 선행할 것이며, (헤겔의 노동 생산물들과 마찬가지로) 그것은 언어적 소통 덕분에 사적 영역에서 사회적 영역으로 이동할 것이다. 각각의 사적인 "생활세계"는 개인들 간의 언어, 소통, 대화에 의해 사회화된다. 이와 같은 방법의 언어적 소통 덕분에 서로 다른 개인들은 사회적, 정치적, 제도적 체계를 조직한다. 언어적 소통이 없었다면 "만인에 대한 만인의 전쟁"만이 존재했을 것이다.

이 저작의 한계로 인해 [여기에서], 지난 20년간 이러한 시각에 의해 형성된 모든 비판적 논의들을 고찰하는 것은 불가능하다. 많은 사람들은 이러한 논의들을 과도하게 형식적인 것으로 또는 순진하게 문명화된 것으로 생각했다. 하지만, 포스트포드주의 체제가 제기한 정치적 문제들에 대한 우리의 분석 맥락에서, 우리는 하버마스의 방법론에 내재한 몇몇 문제들을 여전히 다룰 필요가 있다. 반드시 해결하지는 못한다 할지라도 말이다.

하버마스의 소통 활용 이론은 그가 자신의 기획에 대해 연구를 시작했을 당시의 주목할 만한 직관에서 비롯하지만, 우리 시대의 기원을 이해하기에는 이론적으로 불충분하다. 1973년의 한 인터뷰에서 하버마스는 그의 "언어적 전환"이 1970년대 초반까지, 다시 말해, 신보수주의의 발흥과 생태 운동을 특징으로 하는, 소위 "납의 시대"[24]까지 거슬러 올라간다고 말한다. 하버마스는 포스트모더니즘이나 반反모더니즘으로 빠지는 것을 피하기 위해, "경직된 보수파들이 되거나 젊고 과격한 보수파들"이 되는 것을 피하기 위해, 해결책을 찾아 나서기 시작했다. "소통 행위" 이론은 근대의 임무를 포기하지 않고 근대[성] 안에 남아 있기 위한 뛰어난 "방편"처럼 보였다.

하버마스 이론의 장점은 그 실용성에 있다. 이 이론은 언어적 소통을 일정한 사회정치적 공동체 안에 존재하는 것으로 규정한다. 움베르토 에코는 『해석의 한계』에 붙인 서문에서 동일한 결론에 도달했는데, 여기에서 그는 언어적 장場에서 일어나는 투쟁들을 "진정시키려는" 자신의 시도에 대해 다음과 같이 설명한다.

그러나 나는 일정한 언어의 경계 내부에는 어휘 항목들의 문자적 의미가 존재하며, 그것이 주어진 단어가 어떤 의미인지 말하라고 요청받을 때 모든 사람들이 처음으로 규정하는 것일 뿐만 아니라 사전에 처음으로 등재되어야 하는

---

24. [옮긴이] "납의 시대"는 좌익 및 우익 테러리즘과 긴장 전략을 특징으로 하는, 냉전과 관계된, 유럽의 정치 현상을 가리키는 말이다.

것이라고 생각하고 있다. 그래서 나는 **모든** 사람들이 무화과가 과일의 일종이라고 말할 것이라고 생각한다. 독자 지향적 이론은 이러한 강제를 피할 수 없다. 독자 편에서의 모든 자유행동은 그러한 강제의 수용 이전에 올 수 없고 이후에 올 수 있다.[25]

또한 하버마스에게, 민주 사회에서 공통적으로 사용되고 있는 언어란 상이한 주체들—시민들 간의 소통을 가장 잘 고려하는 언어인 것이다. 자유 사회들의 가치들은 공유된 가치들이며, 이에 대한 해석은 객관적인 의의들(최종적 진리들)에 필연적으로 관계되는 것이 아니라, 최소한 **상호주관적인** 의의들에 관계된다. 정말로 중요한 것은 우리가 사회적으로 공유된 관념들, 말들, 기호들을 사용한다는 것

25. Umberto Eco, *The Limits of Interpretation* (Bloomington : Indiana University Press, 1990), 5~6[움베르토 에코, 『해석의 한계』, 김광현 옮김, 열린책들, 2009]. 에코가 약 30년 전 — 본인이 인정한 바에 의하면 — 그것들의 제거에 기여하고, 그래서 데리다의 이론들을 정당화한 이래 텍스트의 해석에 "객관적인" 한계를 부과해야 할 "임무"가 있었다고 생각한 것은 의아한 일이다. 이러한 변화가 소통이 생산에 삽입됨으로 인해 생긴 해석의 한계라는 위기, 즉 에코의 저작들에서는 결코 나타나지 않는 위기와 일치했던 것은 이상한 일이다. 오히려 그의 행동은 포스트포드주의 혁명에 의해 위험에 처한 계몽의 얼거리 내부에 남아 있으려는 필사적인 시도로 보인다. 우리는 여기에서 한계를 설정할 **필요**에 대해 문제 삼는 것이 아니라 그러한 한계들이 재규정되고 있거나 또는 적어도 확인되고 있는 영역과 새로운 지형을 문제 삼는 것이다.

이며, 소통하기 위해 사용하는 말들이 공동체가 그것들을 참되다고 인정한다는 사실 때문에 선택된다는 것이다. 하버마스 이론의 실용성은 "사회적으로 공유된" 의미라는 그의 개념 안에 존재한다. 모든 진영의 정치가들은 그들이 사용하는 말들의 "어원적인" 의미, 즉 자유민주주의의 전통에 결합된 의미를 지킨다면 서로 소통할 수 있다. 오직 정치적 합의에 도달한 이후에야 우리는 법률들의 정교화를 가능하게 했던 말들을 해석하는 상이한 방법들을 살펴볼 수 있으며, 이러한 자유의 한계들은 "민주적인 갈등"의 얼거리를 구성하게 될 문법 규칙들 속에 각인될 것이다.

1990년대에 일어난 일들에 비추어 보면, 하버마스 이론의 불충분성을 인정하지 않을 수 없다. 그것은 "생활"세계와 "제도적" 세계 사이의 **병치**juxtaposition에 놓인 구조적 불충분성이다.[26] 언어 가용성과 언어 활용은 그 자체로 언어 본연의 필터를 통한 개인의 생활세계의 완전한 표현을 보장해 주지 않는다.[27] 사실, 언어가 말하고 듣고 하는 것처

---

26. 다음을 보라. Jacques Bidet, *Théorie de la modernité* (Paris : PUF, 1990), 96~118.
27. 고르는 자신의 『경제적 이성 비판』에서 한 장 전체를 하버마스에게 할애하고 있으며, 거기에서 그의 비판은 논리 정연한 것으로 보인다(212~20쪽을 보라). 그러나 같은 책 뒷부분, 재생산 영역의 노동이라는 논점과 관련해서 그는 독특한 방식으로 하버마스를 다시 끌어들인다. 여기에서 그는 제도적 행위와 소통적 행위의 상호침투에 대한 제한된 이해를 드러낸

럼 선천적인 것이 아니라 하나의 관습, 즉 한 세대에서 다음
세대로 전승되는 자의적이고 인공적인 인간적 고안물이라
면, 신생아가 물려받는 것은 그에게 자연적으로 속하지 않
고 외부에서 부과되는 소통 수단이다.[28]

어릴 적에 배우는 언어는 근원적인 폭력을 함축하는데,
이는 언어가 말로 표현할 수 없는 생생한 경험들에 대해 침
묵하도록 강요하기 때문이고, 다른 한편으로 어떠한 경험

다. 이것은 하버마스의 흡인력을 나타내 주는바, 이 흡인력은 비판적 분
석이 전통적인 정치적 범주들을 극복하자마자 다시 등장한다.

28. 이 논점에 대해서는 다음을 보라. Paolo Virno, "Il linguaggio in mezzo
al guado," *Luogo commune*, II, n. 2(1991). 여기에서 비르노는 물려받
은 언어의 비자연성에 대한 조르조 아감벤의 사상(*Infanzia e storia* [Tu-
rin: Einaudi, 1978][조르조 아감벤, 『유아기와 역사 — 경험의 파괴와 역
사의 근원』, 조효원 옮김, 새물결, 2010])에 대해 논평한다. 이것은 고르
가 명료화한 하버마스에 대한 비판과 유사했다. 사실 이러한 입장은 『언
어의 생명과 성장: 언어과학 개요』에서 명료하게 밝히고 있는, 미국 언어
학자 윌리엄 휘트니의 이론들이 나타나는 1876년으로 거슬러 올라간다.
아감벤의 다음 논문 역시 참고하라. Agamben, "La cosa stessa," in Giaf-
ranco Dalmasso, ed., *Di-sengo: La giustizia nel discorso* (Milan: Jaca
Books, 1984). "언어의 전제적 구조는 전통의 구조다. 언어 속에서 우리
는 사물 자체를 전제하고 (문자적 의미로도 그렇고 비유적인 의미로도
그렇게) 거래한다. 따라서 언어는 어떤 것(something)과 관련될 수 있
다. …… 사물 자체의 침몰은 전통의 구성을 위한 토대가 될 수 있을 뿐
이다."(9) 경제적 관점에서 볼 때, 가치를 가격으로 변형시키기 전에 가치
를 생산할 필요가 있다고, 다시 말해 인간의 산 노동, 주체적인 노동을 "산
출할" 필요가 있다고 말할 것이다. 이것은 임금 노동의 "전통적인" 형태의
전제 조건이다. 우리는 항상 변형이라는, 우리가 형태를 넘어서고 있다는
동일한 논점을 다루고 있다.

과도 부합하지 않는 내용들을 이야기하도록, 그리고 우리와는 무관한 의도들을 정식화하도록 강요하기 때문이다. 언어가 한편으로 인간이 "역사 속으로 들어가도록" 허용하지만, 다른 한편으로 언어는 여전히 개별 인간의 생활세계를 통과할 수 없도록 만드는 "필터"이다. 어떤 시인의 말처럼, "말들은 신성한 숨결을 위한, 즉 진리를 위한 봉인된 감옥들이다." 언어는 정의상 하나의 규율적 구조다. 언어는 "생활세계"에 한계와 금지를 부과한다. 움베르토 갈림베르티는 다음과 같이 말했다. "언어는 진리를 재생산하는 것이 아니라, 오히려 진리를 왜곡한다. 설령 진리가 언어 왜곡 외의 어떠한 수단으로도 스스로를 드러낼 수 없다 할지라도 말이다."29

사회화의 수단으로서의 언어의 역할이라는 이러한 논점에 대해 하버마스의 접근법은 [다소] 부족한 점이 있는데, 그 이유는 이 접근법이, 정치적 순진함으로 쉽게 전화될 수 있는 주의주의voluntarism로 귀결되기 때문이다. 다음과 같은 가설에 기초하여 소통 행위에 대한 (당연히 보편적인 생각인) 이론을 구축하는 것은 잘못이다. 주체들이 맺는 관계들의 담론적-소통적 차원이 "사회적으로 공유되고",

---

29. Umberto Galimberti, *Parole nomadi* (Milano : Feltrinelli, 1999), 99.

어떠한 비판적 성찰로부터 독립된 실재이기 때문에 객관적인 사실이라는 가설 말이다. 이것은 예컨대 동일한 분야에서 작업하는 학자들에 의해, 또는 관례적인 소통 코드를 발전시켜 온 정치 계급에 의해 형성된 공동체 같은, 제한적이고 내적으로 동질적인 공동체 내부에서 타당성을 가질 수 있는 가설이다. 하버마스 이론이 일반적인 가치를 지니고 있다고 주장할 때, 그것은 언어적 평면 위에서 번역된 로빈슨 이야기일 뿐이다. 그리고 사실상, 로빈슨은 노예가 주인을 만나기 전에 다른 언어로 말했다는 점을 고려조차 하지 않고 프라이데이에게 영어로 말을 한다.[30]

담론적 민주주의 이론은 사실 민주주의를 운영하는 데 필요한 규칙들의 문제를 제기하지만, 언어 자체가 결정하는 갈등들을 언어 내부에서 해결하지는 못한다. 소통 행위에 대한 비판이 "우리에게서 이야기를 박탈하는" 정치세계의 외부로 빠져나오는 것을 의미하지는 않는다. 그것은 단순히 다음과 같은 것을 주장함을 의미한다(그러나 이 "단순히"가 결정적이다). 언어적 중재 안에서 개별 주체의 현존은 언제나 갈등적이라고 주장하는 것 말이다. 모든 언

---

30. 이것은 세베리노가 다음의 책에서 정식화한, 하버마스에 대한 비판이다. Emanuele Severino, *La tendenza fondamentale del nostro tempo* (Milano : Adelph, 1988), 89~109.

어적 가설을 부단히 변경하는 것이 바로 이 갈등이다. 하버마스에 따르면, 정치 행위의 소통적 차원을 비판하는 사람들은 "허영심이 강한 노출증 환자들"이거나 구제 불가능한 회의론자들이다. 이것은 그의 분석이 생산 행위의 문 앞에서 멈추고, 그리하여 정치-제도적 변화들을 이해하고 새로운 생산양식에 의해 결정된 조건들의 변형을 이해할 가능성을 스스로 거부한다는 사실에 기인한다.

하버마스의 생산 행위 이론의 장점은 이 이론의 한계들 속에 존재한다. 우리가 만약 사회주의 국가들의 몰락이후 자유민주주의와 시장 법칙들을 수용하는 그의 정치적 제안에 대응하도록 강요받지 않았다면 이러한 사실을 확인할 수 없었을 것이다. 그리고 실제로, 이 한계들은 정치 세계 속에서 오늘날 일탈의 좁은 길을 만들어내는 한계들이다.

6. 합선

생산 영역에 언어가 분열적으로^{disruptive} 개입함으로써 과학, 과학기술, 생산적 노동에 대한 우리의 사고방식은 도약을 이룬다. 과학기술의 점증하는 중요성에 대해, 세계의 기계화에 대해, 또는 시장 경제 속에서 유일하게 가능한 합리성은 경제적 합리성이라는 점에 대해 많은 연구들이 이루어져 왔는데, 그에 따르면 진실로 **도구적 행위만**이 존재할 것이다.

도구적 행위는 공유된 가치가 아닌 계산결과[산출]에 토대를 두며, 이 계산결과의 요소들은 목적을 위한 수단의 적절성을 측정하는 것으로 귀결된다. 이것들은 가치 판단을 하나의 분리된 영역, 즉 소통의 영역, "군사"軍使, parlementarity 31의 영역, 언어적 중재의 영역으로 추방함으로써 가치 판단을 배제하는 일종의 합리성에서 도출되는 **합리적인 계산결과**다. 매킨타이어의 말처럼, "이성은 계산하고 있다. 이성은 사실적 진리들과 수학적 관계들을 수립할 수 있지만 그 이상은 아니다. 실천의 장에서 이성은 수단에 대해서 이야기할 수 있을 뿐이다. 이성은 목적을 달성하면 침묵을 지켜야 한다."32

소통이 생산에 들어감으로써 도구적 영역과 소통적 영역의 이분법은 전복되었다. 포스트포드주의적 노동은 고

---

31. [옮긴이] 전시·교전 중에 있는 상대방과 교섭을 하기 위하여 파견되는 사절(使節).
32. 다음에 인용되어 있다. Habermas, *Justification and Application : Remarks on Discourse Ethics* (Cambridge : MIT Press, 1993), 123.

도로 소통적이며, 생산적이 되기 위해서는 높은 수준의 "언어적" 능력들을 필요로 한다. 이러한 종류의 노동은 (통신 과학기술의 장뿐만 아니라 순수한 감각-본능적인 단계 속에서도 이루어지는) 모든 종류의 상징적 행위를 이해할 수 있는 역량을 전제한다. 이것은 이제 일반화할 수 있는 능력, 언어가 허용하는 도구적-기계적 행위 그리고 데이터를 넘어설 수 있는 능력의 존재가 바로 생산과정 자체라는 것을 의미한다.

소통이 생산에 들어감으로써 왜 포드주의에서 물려받은 정치 형태들에서 위기가 발생하는지, 또는 적어도 그 형태들이 복잡해지는지 이제 더 분명해진다. 도구적 행위와 소통적 행위의 중첩, 그리고 생산과 소통의 동시 발생은 개별적 이해관계와 집단적 이해관계 사이의 제도적 이행을 복잡하게 한다. 정당 체계, 노동조합, 또는 협조조합주의, 계급, 민족적·사회적 동일성에 기초한 여타의 집단 같은 대의적 매개체들은 — 처음부터도 그랬지만 — 점점 더 경직되어 간다. 각자 모두 자기 자신만을 대표한다. 자기 자신의 이해관계를 보호하기 위해 필요한 것은 노동-생산 과정 내부의 소통적 기술들을 이해하는 것이다(베를루스코니 교육 효과). 기업가 자신이 대의 민주주의에 전형적인 경제적 영역들과 정치적 영역들 사이의 틈을 뛰어넘는 통치의 주체, 즉 정치가가 된다. 기업가의 역설적인 "신뢰성"과 "특권"은 기업이 도구적 행위의 주체임과 동시에 소통적 행위의 주체라는 점에서 비롯된다. 그는 (특히, 정치적인 계급 전체가 법적으로 기소되어 있을 때) 거짓말을 할 수 있는데, 그것은 ─ 진정으로 홉스적인 방식으로 말하자면 ─ 거짓말이 재화와 서비스를 생산하기 위해 활용되는 언어적-소통적 병기고의 일부이기 때문이다. 특히 이 재화가 정의상 "대의[재현]적인 재화", 즉 세계의 이미지일 때 더욱 그렇다.33

사회적 유대의 위기 그리고 (역설적으로 정치적 대의에서 질적인 결손만을 드러낼 뿐인) 정치적인 자기-대의적 형태들의 증식은 문화적·미학적 영역, 과학계, 그리고 결국은 "하버마스와 함께" 정치적 영역을 혁명화한 후에 생산의 영역을 오염시킨 "언어적 전환"에서 비롯된다. 오늘날 모든 생산적 작업에서 이루어지는 언어적 중재의 필수불가결한 기능은 정치적 해결책에 대한, 그리고 경제적 활동을 관장하는 어떤 형태에 대한 절대적 필요[욕구]를 결정하지만, [이때

---

33. [옮긴이] 영어판 번역자 쥬세피나 메치아는 마라찌가 여기에서 1990년대 초반 이탈리아의 정치적·문화적 상황에 대해 언급한다고 지적한다. 당시 〈기독민주당〉과 〈사회당〉은 법적 기소에 의해 파괴되고 있었으며, 베를루스코니는 TV 방송, 출판, 광고 사업에서 부를 축적한 뒤 유명한 정치적 인물이 되어가고 있었다고 한다. (Christian Marazzi, *Capital and Affects: The Politics of the Language Economy*, trans. by Giuseppina Mecchia, Semiotext(e), 2011).

까지] 제시되어 온 정치적 해결책들은 덧없이 사라질 운명인 것으로 보인다. 실제로 그들의 단명短命은 십중팔구, [그것들이] 단일한 기업적 영역 또는 경제적 이해관계 내부의 도구적 행위에 국한되어 있다는 사실에 기인한다.

포스트포드주의 시대에 영속적인 타협과 합의를 강화하기 위한 초-개인적인supra-individual 중재의 평면을 발견하기가 어려운 까닭은 직접적으로, 도구적 행위와 소통적 행위 사이의 합선 때문이다. 도구적 행위에서 목적과 수단 간의 관계는 기계적인데, 그 이유는 일단 목표가 결정되면, 그리고 이윤을 극대화하기 위해 재화가 생산될 필요가 있다면, 이러한 기획의 실행은 일의적이고 일방적이기 때문이다. 그 결정이 합리적인 것은 이 결정이 찬성과 반대의 계산에 관심을 두기 때문이며, 설령 그 계산이 제한적이라 해도, 이 계산이 여전히 하나의 계산이기 때문이다. 모든 나머지, 모든 다른 행위들, 모든 다른 행태들은 그 결정의 일부가 아니라 그저 비합리적인 반영들에 지나지 않는다.

도구적 행위와 달리 소통적 행위는 일직선적인 행동이 아니다. 소통적 행위는 단지 목적과 수단의 관계로 설명되지 않는다. 아인슈타인이 주목한 것처럼 대자연은 뉴턴주의 전통에 속하는 과학자들이 이론화한 일의적인 텍스트가 아니다. 뉴턴주의 과학자들은 물리 세계의 과학적 정당성을 발견하는 데에는 대자연과 대자연의 내적 법칙들의 추론에 대한 고찰로써 충분하다고 생각했다. 이론적 탐구의 경험은 실제로, 대자연이 오히려 선택적인 양식들에 따라 독해될 수 있는 다의적인 텍스트라는 점을 보여주었다. 한편으로 내적이고 외적인 우주가 말을 못하고 다른 한편으로 우리가 사전을 가지고 그러한 우주가 말하도록 만드는 것이라면, 이것은 우리가 동일한 우주에 대한 다수의 시각들을 수립한다는 것을, 심지어 세계들을 발명하는 복수의 주체들에 이론적으로 상응하는 세계들의 복수성을 수립한다는 것을 의미한다.[34]

소통의 도구적 활용은 도구적 행위와 소통적 행위 사이에서, 단선적인 방법과 다각적인 방법 사이에서, 일자와 다자 사이에서 마찰을 일으킨다. 생산 목표가 결정되면, 그것을 달성하기 위한 수단과 목적은 중도에 수정될 수 있다. 그에 따라 생산 과정의 마지막에 얻는 결과는 원래 계획했던 것과 상당히 다를 수 있다. 이것이 사회에 존재하는 다수의 이해관계들의 합의적인 관리를 위한 (아무리 허구적인 것이라 할지라도) 규칙들과 규범들의 결정을 허용해 줄

---

34. 다음을 보라. Giorgio Gargani, *Stili di analis : L'unità perduta del meto-do filosofico* [분석 스타일 : 철학적 방법의 상실된 통일성] (Milan : Fel-trnelli, 1993).

영속적인 통치 형태의 구축에 내재하는 곤란의 뿌리다.

이전 시대의 확신에서 [벗어나] 우리는 이제 물음의 시대 [를 살아가며], 영구적인 질문 상태에 놓여 있다. 우리는 오늘날 우리가 맞닥뜨리고 있는 문제들에 대한 대답이 왜 다수일 뿐만 아니라(이것이 잠재적으로, 우리의 삶들[생명]의 엄청난 확장을 만들어낸다) 점점 더 사회적으로 공유되지 않고 상호 교환될 수 없는지 계속해서 자문하고 있다. "소통 사회"의 정점에서, 우리는 역설적으로 소통 자체의 위기를 목격하고 있다.

따라서 안전[보장]에서 불확실성으로의 이행, 계획에서 우연[적 사건]들로의 이행은, 아주 오랫동안 지속될 구조적 위기에 내재하고 있다. 포스트포드주의적 재구조화는 소통을 내재화해야 했다. 위험은 포드주의 시대에서 물려받은 대의 민주주의가 경험한 위기의 기원을 보지 못하는 데 있다. 위험은 또한 이것에 기초해서 우리의 정치적 범주들을 재규정하고 싶어 하지 않는 데에도 있다. 우리의 분석 도구들, 우리의 사고방식들을 쇄신하고 있는, 그리고 우리의 삶을 영위해 온 대의 민주주의의 조직 형태들을 쇄신하고 있는 위기를 전면적으로 고찰하기를 거부하는 데에도 있다.

문자 그대로 "만드는 자", 즉 말을 가지고 작업하는 사람인 시인poet은 오래 전에 이 점을 이해하고 있었다.[35] 시는 "우리에게 운명"이라고 말한 횔덜린에 대해 논평하면서 하이데거는 다음과 같이 썼다. "언어, 즉 '모든 일들 중에서 가장 순결한 것'의 분야인 언어는 또한 '가장 위험한' 재화이기도 하다. ⋯⋯ [언어가] 모든 위험들 중에서 가장 위험한 까닭은 언어가 위험의 가능성을 최초로 창출하기 때문이다."[36]

7. 노예 상태

포스트포드주의적 변형에 의해 제기된 논점들에 대해 제시된 "해결책들" 중의 하나는, 그리고 (최소한 얼마 동안이라도) 정치의 가장 기본적인 원리들을 파괴함으로써 정치를 변형한 것으로 보이는 해결책들 중의 하나는 생산적 노동의 점증하는 "노예 상태" 속에서 발견될 수 있다.

새로운 작업방식에서는 회사의 목표에 열렬하게 헌신

---

35. [옮긴이] 'poet'의 기초가 되는 'poem'의 어원인 'poème[poiema]'는 '만들다, 창조하다'의 뜻을 지니고 있다.

36. Martin Heidegger, *Elucidations of Hölderlin's Poetry* (Amherst : Humanity Books, 2000) [마르틴 하이데거, 『휠덜린 시의 해명』, 신상희 옮김, 아카넷, 2009], 54~55.

하는 자세가 필수적이다. 장기근속의 특권을 누리고 있는 사람들은 회사 내의 "분위기 변화"mood shifts에, 그리고 수요 변동이 야기한 생산의 동요에 자신들이 대단히 유용하다는 점을 증명해야 한다. 이것은(종종 [임금이] 미지급되는) 초과시간이 늘어난 이유를 설명해 준다. 이러한 일은 외관상 인구의 최대 10퍼센트가 통계적으로 실업 상태에 놓여 있는 것을 고려하면 역설적으로 보일 것이다. 하지만 이것은 또한 우리가 왜 하나의 체제에서 다른 체제로, 즉 고용 시장에서 노동자들의 사회적 권리들이 (예컨대, 단체 교섭의 형태로) 거의 보편적으로 인정받았던, 그리고 견고하고 지속적인 법 규범들에 의해 보호받았던 체제에서, 노동자 권리들이 경제적 필요와 우발적 사건들의 압력을 받아 급속도로 사라지고 있는 체제로 이동하고 있는지 설명해 준다. 재화의 매매가 실시간(저스트인타임)으로 관리되고 그 양과 질이 정해질 때 노동은 점점 더 줄어든다. 우리는 일자리를 잃지 않기 위해 헌신하고 복종할 수 있음을 보여주어야 하는 것이다. 구매력의 축소로 인해 포드주의에서처럼 시장이 더 이상 무한히 확장될 수 없는 까닭에 생산이 더 이상 계획될 수 없을 때, 다시 말해 우발성이 지배할 때, 예측불가능성이 규칙이 되며 모든 것은 즉각적인 적응성에 의존하게 된다. 특정한 법인으로부터 독립된, 법적 보호와 보편적 권리를 위한 공간들은 폐쇄된다.

고용 시장에 대한 규범적 규제(이 규제 역시 포드주의의 특징을 이루고 있었다. 여기에서는 갈등적이고 대립적인 이해관계들의 대표들이 소집되어 생산의 문제들을 해결할 수 있는 규범들을 만들어내기 위해 협력했다)는 이제 일종의 "산업적 봉건성"으로 대체되고 있다. 공장, 병원, 사무실이 충성의 공간이 되어가고 있는 한편, 고용 시장은 계급, 성, 인종의 관점에서 불안전성, 파편화, 분리의 공간이 된다. 고용 시장은 이제 보편적 권리들이 부재하는 공간이다. 생산양식의 이러한 실재적 변형은 "전체주의적 민주주의"라는 현재의 모형에 그 기원을 둔다. 이 민주주의는 충분히 그럴듯한 미래로부터 우리를 응시하고 있는 권리 없는 민주주의다. 이것이 권리 없는 민주주의인 까닭은 사람들(더 이상 "시민", 그리하여 법적 주체로 불리지 않고, "소비자", "고객", 그리하여 소비 주체로 불리는 사람들)의 취향과 실시간으로 이루어지는 관계가 모든 법적 중재를, 지속적이고 입증 가능한 규범들에 대한 모든 호소를 압도하기 때문이다.[37]

이 시나리오는 미국, 유럽, 일본의 고용 시장들 간의 규

---

37. 다음을 보라. Marco Ravelli, "Con la fabbrica integrate l'addio al fordismo," *il manifesto* (July 3, 1994).

범적 차이 속에서 극적으로 입증된다. 가장 최근의 비교 연구는 미국 노동관계에서의 규제의 부재 그리고 봉급 노동자에 대한 효율적인 대의와 자문 체계의 결핍 ─ 다시 말해, 미국 노동 세계의 특징인 절대적 유연성 ─ 이 어찌하여, 포드주의에서 물려받은 사회적 보호책들로 인해 유럽에서는 여전히 도달하기 어려운, 수많은 일자리들을 창출하는 원인이 되는지 설명해 준다. 따라서 미국에서는 높은 고용률을 보이지만 동시에 유럽과 일본에 비해 높은 빈곤율을 보인다. 유럽과 일본에서는 사회적 보호가 매우 높은 실업을 대가로 빈곤 감소를 보장하는 것처럼 보인다.[38]

분명한 것은 미국의 규제 없는 고용 시장에 내재하는 유연성으로 인해 노동력이 질적으로 저하하고 그들의 사회 참여가 낮은 수준으로 떨어졌다는 것이다. 이것들은 활동적인 인구 대부분이 궁핍해진 결과들이다. 따라서 "클린턴주의" 경제학자들인 로버트 라이시와 폴 로머가 다음과 같이 말하는 것, 즉 궁극적으로 과도한 불평등이 경제성장에 매우 해로운 낮은 교육수준과 의욕 상실 등의 부정적 외부성을 야기하는 것이 사실이라면, 유럽식 사회적 보호들의 사례가 더 이상 미국 노동력의 향상을 위한 현실주

---

38. 다음을 보라. Richard D. Freeman, ed., *Working under Different Rules* (New York : Russell Sage Foundation, 1994), 1~25.

의적 모형이 아니라는 점 역시 사실이다. 그리고 사실, 미국식 "모형"을 채택하고 있는 것은 유럽이다. 무엇보다도, 비교 연구들은 생산성, 고용 창출, 소득 분배 등의 향상을 목표로 하는 정치 기구ᵃ politic가 영감을 이끌어 낼 어떠한 모형도 더 이상 가지고 있지 않다는 점을 보여준다. 고용을 창출하고 소득 불균형을 축소할 필요에 대한 대답은 유럽과 일본 측에서는 (보다 많은 유연성과 보다 적은 사회적 보호들 그리고 그에 수반하는 부정적 외부성을 갖춘) 현재 미국 체계의 방향으로 이동하는 것, 그리고 미국 측에서는 최소한 특정 부문의 사회적 보호들(보건, 더 적극적인 사회정책들)을 위한 보다 유럽적인 방향으로 이동하는 것의 결과일 것이다(고용창출과 소득 불균형 축소를 위한 어떤 일이 실제로 일어나기는 한다면 말이다). 어쨌든 일반적 추세는 여전히, 이전에 정복된 사회적 권리들의 억압과 규제 완화 둘 중의 하나일 것이다. 미국인들이 정말로 유럽식 사회국가로부터 영감을 이끌어내고 있다면, 분명 그들은 사회국가의 이득들, 특히 공교육과 직업 교육에서 비롯하는 이득들을 얻기 위해 그렇게 하고 있는 것이다. 그러나 이러한 이득들은 유럽 국가들이 미국 체계의 문제들에 봉착하지 않을 때라야만 가시화할 것이다. 비교 경제학만이 아니라 역사 또한 우리에게 이러한 교훈을 준다. 오늘날 미국 정책들의 규제를 받는 국제 통화 체계는 분명, 현재 능률도 효력도 없는 직업 모형들 간의 이러한 불평등 교환을 감독하기를 더 좋아할 것이다.

신노예적인neo-servile 노동관계를 향한 추세는 새로운 포스트포드주의 생산양식에 내재적이며, 이러한 변형에 수반하는 **임금형태**에서 비롯된다. 한편으로 거시경제적 충격들과 시장 동요들의 흡수가 급여를 받는 피고용인들에게 그리고 그들에게만 작용한다는 의미에서 급여는 더욱더 경제정책에 의존하는 조정 변수로 간주된다. 다른 한편으로, 이러한 정치적 선택과 일치하고 포드주의 시대와는 상이한 새로운 임금 규칙들이 바로 불안정성을 관리하기 위해 결정된다. 이러한 이유로 급여 소득의 총량은 미리 특정되지 않으며, 회사의 회계 과정의 바로 그 결과에 따라 모든 것은 조건적으로 되고 일시적으로 된다. 이런 목표에 도달하기 위해 급여는 철저하게 개별화된다. 노동자들의 자격(나이, 적성, 양성훈련)은 오직 급여의 일부만을 결정하며, 반면에 점점 더 중요한 부분은 노동자의 참여 수준을 기초로 해서, 노동과정 **동안** 그리하여 협상 국면 **이후** 나타나는 노동자의 "열정"과 흥미를 기초로 해서 작업장 안에서 결정된다. 이렇게 해서 급여는 직책과 단절되며, 그 전문적인 함축들을 상실하고 점차 개별적인 보수가 된다.

따라서 동일한 직책에 다양한 성과급 보수들이 주어질 수 있는데, 그것은 회사가 집단적인 계약 협상에 따라 결정될 관습적인 급여 기준을 적용할 의무를 느끼지 않기 때문이다. 회사는 오히려 또 다른 종류의 급여 기준을 정교하게 만들어 동일한 직책에 적용할 상이한 수준들을 창출할 수 있다.

사실상 급여의 동학에는 이중의 운동이 존재한다. 연봉 상승(기본급)이 그 하나이며, 개인 혹은 "팀" 참여 및 노력의 정도에 의거한 공로에 기초하는 상승이 다른 하나이다. 첫 번째 상승은 노동자의 획득된 자격[능력](노동자가 실제적인 성과와 무관하게 소유하고 있는 그리고 계약을 통해 계산되는 자질들)에 보수를 주며, 그것들 자체는 파기할 수 없다. 두 번째 상승은 개인적인 성과(또는 때때로 "팀" 성과)에 보수를 주며, 이 자체는 임금 보수에서 파기할 수 있는 요소이다.

포스트포드주의 노동의 노예적인 함축은 이러한 종류의 임금관계와 완벽하게 조응하며, 개별 노동자 측에서 볼 때 회사의 번영에 대한 개인적인 참여와 흥미에 따라 달라지는 파기 가능하고 가변적인 급여 부분에 대해서는 특히 그렇다. 노동인구의 참여와 참가에 기초한 가변적이고 파기 가능한 이 보수는 사실상 일종의 "배당금"으로서, 이것은 회사에 의해 실현된 이윤의 일부이며, 기업 자체의 최종적인 성과물과 관계가 있다. 바로 이런 이유로 우리는 (고전 경제 이론에서 칭하는 것처럼 "자본으로서의 화폐"인) 급여에 대해 말하는 대신 ("화폐로서의 화폐") 소득에 대해 이야기해야 한다. 다시 말해 소득은 제공된 서비스에 대한 보수이다. 바로 생산과정 안의 급여와 소득이 포스트포드주의 사회들 내부에 공존하기 때문에, 산업 고용과 서비스 고용의 구분은 불가능해진다. 더 정확히 말하자면, 산업은 서비스 부문에 더욱더 근접했으며, 다른 한편 서비스 부문은 산업적인 생산기술들의 채택으로 인해 산업화되었다.

임금관계를 규제하는 노예적인 방식의 추세가 고용 시장에 대한 공식적인(신고전주의적인) 이론들과 완전히 모순적이라는 점을 언급하는 것은 흥미로운 일이다. 이 이론들에 따르면 노동 인구는 수요와 공급에 의해 결정되는, 고로 다른 모든 종류의 거래 제품들과 마찬가지로 실제 작업이 시작되기도 전에 시장 자체에서 직접적으로 결정되는 가격(급여)을 받는다. (1946년 일본을 다룬 책[39]에서 루스 베네딕트가 소개한, 노동자를 회사에 묶어두기 위해 시도하

---

39. Ruth Benedict, *The Chrysanthemum and the Sword : Patterns of Japanese Culture* (Boston : Houghton Mifflin, 1946) [루스 베네딕트, 『국화와 칼 : 일본 문화의 틀』, 김윤식·오인석 옮김, 을유문화사, 2008].

는 조직 방식들에 대한 연구 조류에 편승하여) 조지 애커 로프[40] 같은 경제학자들은 자본과 노동 간의 교환이 어 떻게 해서 가외-시장적^{extra-mercantile} 교환인지, "보답의 선 물" — 참여, 흥미, 참가, 헌신의 선물 — 의 차원이 어디에서 효 과를 드러내는지를 이해했다. 이러한 접근법에 따르면 이 선물의 차원은 소속감의 필요가 노동 집단이나 회사 안 에서 개인이 하는 작업에 내재적이라는 것을 드러내 준다. 이러한 소속감은 노동자들이 그들의 열중과 참가 덕분에, 고용 시장의 (사전적인) 경쟁 메커니즘들에 의해 결정되 는 급여보다 더 높은 보수를 받는 것을 보증한다. 애커로 프는 한 인터뷰에서 다음과 같이 말했다. "나의 '선물 교환' 모형에 따르면, 실업이 발생하는 것은 노동자들이 자신의 직장동료들에게 관심을 갖기 때문이다. 이것이 시장-균형 market-clearing을 이룰 효과적인 계약을 부과할 수 있는 회 사의 능력을 제한한다(시장-균형적 계약들이 이루어지면 실업은 발생하지 않는다)."[41]

---

40. George Akerlof, "Labor Contracts as Partial Gift Exchange," in George Akerlof, ed., *An Economic Theorist's Book of Tales : Essays that Entertain the Consequences of New Assumptions in Economic Theory* (Cambridge University Press, 1984), 145~174.

41. 다음에서 인용했다. Richard Swedberg, *Economics and Sociology* (Princeton : Princeton University Press, 1990), 67.

자본과 노동 간의 교환에 대한 이러한 해석적 모형들은 (특히 회사 조직의 순기능에 대한 사회적 연대의 중요성과 관계되는) 경제 현상들에 대한 설명에서 사회적인 것이 귀환했음을 알려준다. 바로 이러한 시각에 따르면 임금 규칙들은, 뒤르켕[42]의 이론들이 확증하는 바와 같이, 사회적 기원을 갖는데, 그것은 임금 규칙들이, 새로운 논쟁 주기에 의해 수정되기 전까지 지속될 "집단적 가치들의 침전"의 표현이기 때문이다.[43]

  유감스럽게도 "선물의 정신spirit"에 대한 연구에서 자크 고드브가 지적한 것처럼[44], 임금 결정으로부터 새로운 규칙들을 이끌어내는 설명에서 자본과 노동 간의 교환 내부에 선물을 도입하는 것은 근본적인 모순에 빠진다. 록펠러처럼 다음과 같이 말하는 것 ― "사람을 다루는 능력은 설탕이나 커피 같은 상품처럼 구매 가능하다. 그리고 나는 하늘

---

42. [옮긴이] 프랑스의 사회학자(1858~1917). 콩트의 실증주의를 발전시켜 객관적인 사회학을 수립하여 현대 프랑스 사회학의 주류를 이루었다. 저서에 『사회 분업론』, 『사회학적 방법의 기준』 등이 있다.

43. 미셸 아글리에타의 서문이 실린 다음을 보라. Bénédicte Reynaud, *Le Salaire, la règle et le marché*[임금, 규칙, 그리고 시장](Paris : Christian Bourgois, 1992). 같은 필자가 쓴 다음 문헌 역시 참고하라. *Les Théories du salaire*[임금론](Paris : La Découverte, 1994).

44. 다음을 보라. Jacques T. Godbout, *The World of the Gift* (Montreal : McGill-Queen's University Press, 1998).

아래 그 어떤 것보다 바로 그 능력에 대해 더 많이 지불할 것이다."[45] — 이 사실이라면, 이 "선"good, 즉 선의, 충성, 단체정신으로 만들어진 이 "선"이 하나의 제품으로 간주될 수 없다는 점 역시 사실이다. 그렇지 않았다면 우리는 그것을 오래 전에 생산하기 시작했을 것이기 때문이니까 말이다! 사회관계의 도구적 활용은 이론화하기 쉽지 않다. 그러한 시도는 언제나 인간관계를 하나의 수단, 하나의 제품으로 간주하는 것으로 귀결되며, 그리하여 애초의 모든 선한 의도와 충돌을 일으킨다(특히, 노동자들이 회사에 "몸 바쳐 일한" 뒤 다음 번 경제위기에 해고당할 때 [더욱 그렇다]).

포스트포드주의적 생산양식에 스며드는 노예적 차원은 자본과 노동 간의 화폐적 교환으로 환원[축소]될 수 없을뿐더러, 1980년대 동안 앙드레 고르, 피터 글로츠, 기 아즈나르, 그 밖의 사람들이 서술한 "이중" 사회로부터 파생하지도 않는다. "이중 사회" 이론들은 "보장되지 않는" 임시직 노동자들의 늘어나는 숫자에 둘러싸인 "보장된" 생산직 노동자의 줄어드는 숫자에 주목한다. 2단 변속[이중] 사회에 대한 이러한 이론들은 궁핍화, 실업, 일시적 고용의 현상들 이면에서 일어나는 노예적 노동의 증대 추세를 설명

---

45. 다음에서 인용함. Jacques T. Godbout, *The World of the Gift*, 79~80.

하는 이점이 있었다. 하지만, 이 이론들은 "노예-주인" 관계에 기초해서, 부를 생산하는 노동자라는 핵과 소비자들로 구성되는 또 다른 핵을 구분한다는 점에서 우를 범하고 있다. 이 이론들은 이러한 구분이 노동 세계 전체를 가로지른다는 점을 이해하지 못한다. 공산품의 생산자와 고용주의 관계와 마찬가지로 주부와 그 주부에게 지불하는 사람의 관계에도 동일한 노예성이 존재하는 것이다.[46]

부의 생산이라는 관점에서 볼 때, "두 개의 사회들"은 사실상 구분 불가능하다. 경제적 메커니즘(소득 수준에 따른 노동인구의 분배와 구별)이 실제로 노동자들의 위계를 창출한다 할지라도 말이다. 그러나 첫 번째 사회와 두 번째 사회 모두에서 ─ 그가 생산을 하건 그렇지 않건, 공장에서 일하건 또는 가정에서 일하건, 병원에서 일하건 은행에서 일하건 ─ 우리는 동일한 인간적 본질을 발견한다. 우리는 산업주의의 조직형태들을 보다 공정하게 분배하는 것을 통해 최고 수준의 산업주의를 제거할 수는 없다. 그렇게 해서 임금 기반 노동의 (공적인) 영역의 특징인 명령과 규율[훈육]

---

46. 다음을 보라. AA. VV. *Nuove servitù*[새로운 굴종](Rome : manifestolibir, 1994). 그리고 다음 논문을 참고하라. Marco Bascetta, "L'anima per un salario[급여를 위한 영혼]," 그리고 Franco Carlini, "Professione : accudire il capo[직업: 사장에 대한 배려]."

에 기초한 관계들에서 벗어나는 자율적인 가사 [노동의] (사적인) 영역을 우리가 재구성할 수 있을 것이라는 믿음은 속임수에 지나지 않는다.

우리는 이 논점으로 다시 돌아올 것이다. 지금은 단지, 애덤 스미스에서 칼 맑스에 이르는 고전 경제학에서 발견되는 "생산적인" 노동과 "비생산적인" 노동의 구분이 언제나 — 경제적인 가치보다 훨씬 더 많은 — 정치적인 가치를 지니고 있었음을 상기하자. 고전 경제학자들에게는, 반동 세력들이 발전을 가로막고 농업 단계에서 산업[공업] 단계로의 경제 변형을 저지하고 싶어 했던 시기에 산업노동자의 중심성을 확립하는 것이 결정적인 문제였다. 이론적 견지에서 볼 때, 고전 경제학자들이 소위 "비생산적 노동자들"을 다루는 데에 불확실성이 존재한다는 것은 매우 분명하다. 종종 농업 농노 대중의 반동적 기능에 대한 경멸적인 판단에 의해 은폐되긴 하지만 말이다. 산업노동자에게 모든 걸 걸었던 맑스 자신도 맨더빌의 『꿀벌의 우화』[47]에 대한 논평에서 다음과 같이 단언하면서 결론을 내린다. 도둑들, 깡패들, 파업 노동자들 역시 생산적이다. 예컨대 도둑들은 자물쇠, 형법, 교과서, 대학 교수직 등의 발명을 자극

---

47. [한국어판] 버나드 맨더빌, 『꿀벌의 우화: 개인의 악덕, 사회의 이익』, 최윤재 옮김, 문예출판사, 2010.

하기 때문에 생산적이다. 파업 노동자들은 자본으로 하여금 갈등의 제거를 위해 새로운 기계들에 투자할 수밖에 없게 만들기 때문에 생산적이다(갤브레이스[48] 훨씬 전에 이미 맑스는 "노동자들이 파업하는 곳에 기계들이 나타난다"라고 말했다).[49]

역설적이게도, 의심스러운 경제 이론들(슘페터는 이 논점에 대한 논쟁이 완전히 시간 낭비라고 생각했을 정도이다)에 기초해서 생산적 노동자와 농노들을 구분하기를 고집하는 사람들은 취업자들과 실업자들에게 똑같이 노동을 재분배하자는 숭고한 의도를 지니고 있으면서도 결국에는 **보수적인 정치 행위 모형들**을 제안하고 만다. 사실상 지난 20여 년간, 새로운 정치적 주체성들, 합리적 견해들, 투쟁 형태들이 태어났던 것은 바로 이 재생산적인 세계 ─ 여성들의 세계 ─ 내부이다. "생산적인" 산업 노동의 쇠퇴와 더불어 서비스 부문을 위축시키려는 욕망이 존재하는데, 그 목적은 모든 사람으로 하여금 노동을 하면서 동시에, 현재 "신

---

48. [옮긴이] 존 케네스 갤브레이스(John Kenneth Galbraith, 1908~2006)는 캐나다 태생의 미국 경제학자이다. 케인스주의적인 20세기 미국의 자유주의와 진보주의를 주도한 인물이지만 "시장 경제"에 대한 비판으로 미국 경제학계의 이단자로 평가받았다.

49. 다음을 보라. Karl Marx, *A History of Economic Theories* (New York : Langland Press, 1952).

노예적" 노동자들이 수행하고 있는 임무들과 사적 영역을 재구축하도록 하는 것이다. 그러나 그렇게 하면서 우리는 경제적 변형 그리고 산업 관계의 사회 영역으로의 확장/일반화를 특징으로 하는 이 시기에 출현했던 유일한 정치적 주체성들을 망각할 위험이 있다. 오늘날 우리의 절박한 문제는 보다 적절한 노동 분배가 아니라, 소득의 분배다. 바로 이것에 근거해서만 우리가 상이한 활동들에 부여하고 싶어 하는 그 의미를 규정할 수 있다. 이러고 난 뒤에야 우리는 그러한 활동들의 생산적 본성이나 재생산적 본성과 별개로, 그 활동들의 보상[보수]를 정당화할 것이다.

실제적인 문제는 사회적 재구성과 **정치적 공동체**의 사례들을 통해, 전반적인 노동 활동들을 가로질러 발견되는 잠재적인 노예성을 전복할 수 있는 정치적 실천들을 정교화하는 것이다. 오늘날 파편화와 차별이 노동과 (심지어 급여를 받는 여성과 그녀의 가정부 사이의) 재생산의 세계 내부에 만연해 있다 하더라도, 이것이 우리가 사회의 "산업화"에 의해 뜻하지 않게 생산된 상이한 주체성들을 고려하지 않고 노동의 재분배를 지지하고 강제할 필요가 있다는 것을 의미하는 것은 아니다.

포스트포드주의 노동의 노예적 차원은 엄밀히 말해, 경제 과정 **전체**를 자극하여 활성화하는 언어적-소통적 매개에 기원을 두고 있다. 한편으로 우리는 모든 인간에게 공통적인 것, 즉 소통할 수 있는 능력에 호소하고 있는 것이며, 다른 한편으로 이 공유된 보편적인 (공적인) 능력은 노동 환경에서의 점점 더 개인화된, 사유화된, 그리하여 노예적인 위계들로 귀결된다. 한편으로 사람들은 협력하기를 원하고(우리가 그렇게 할 수 있는 건 소통적 노동 덕분이다), 다른 한편으로 사람들은 또한 위계들을 재분할하고 창조하기를 원하며, 소통적인 행동의 공적인 (모두에게 공통적이기 때문에 공적인) 자원을 파편화하고 사유화하기를 원한다.

오늘날의 노동 배치들은 점점 더 사람들 사이의 "관계들"의 장 속에서 이루어지고 있다. 전문성은 "산업적인" 관점에서는 더 적게 정의되고, "개인에 대한 서비스들"로서 더 많이 정의된다. 이 마지막 측면이 경제 과정의 기능에 훨씬 더 본질적이다.

관계적 노동의 중요성은 다른 어떤 것들보다도 포스트포드주의적 도요타주의의 특징인 "종합적 품질"[50]이 이

---

50. [옮긴이] 기업 활동 전반, 즉 생산현장뿐만 아니라 마케팅, 고객 서비스, 유통기구 등 품질에 영향을 미칠 수 있는 모든 영역을 종합적으로 관리하여 고객 만족을 달성하기 위한 경영 방식을 "total quality management"이라고 한다.

미 경과하고 있는 위기에 의해 입증되고 있다. 보다 복잡한 조직 기술의 도움으로 지난 10년 동안 종합적 품질을 완벽하게 만들기 위해 이루어진 모든 노력들에도 불구하고 말이다.

우리는 이제 **종합적 품질 관리** — 그리고 그 조직 기술들, 노동인구를 유연하게 조종하는 그 모형들, 그 품질 관리 서클들 등등 — 가 더 **이상 충분하지 않음**을 알고 있다. 시장 경제에서 오직 재화와 서비스의 **판매**와 관계되는 생산의 **목표량**을 충분히 고려하지 않고 제품 품질 표준에 지나치게 집착할 때 위기가 발생한다. "유연 생산" 모형들의 위기를 성찰하기 위해 최근에 사용된 한 사례는 인용할 만한 가치가 있다.[51]

1980년대에, 속달 우편과 소포 발송을 전문으로 하는 미국 회사인 유나이티드파슬서비스UPS는 소비자들에게 초고속 서비스를 제공하는 데 모든 에너지를 쏟아 부었다. "고객에게 더 나은 서비스를 제공하기 위해" UPS는 [배달] 기사들에게 주어진 시간을 최소로 줄여 마지막 한순간까지 그들을 쥐어짜고 그들의 시간당 생산성을 증대시켰다. 그 결과 수화물의 분배를 전담하는 노동자들의 숫자는 감

---

51. 이 사례는 다음 논문에 실려 있다. "Quality," *Business Week* (August 8, 1994), 40.

소했다.

그러나 정말 놀랍게도, UPS는, 자신의 고객들이 자신의 주문들이 적시에 배달되는 것에 대해서는 어느 정도까지만 신경을 쓰고, [배달] 기사들(기사들은 여기에서, 고객들이 UPS와 **직접적으로 대면하는** 지점이다)과 더 오랫동안 "상호작용"하는 것에 훨씬 더 많은 관심을 갖는다는 점을 발견했다. 기사들이 [적시 배달의 관점에서] 덜 유능했다면, 그리고 소비자들과 대화하는 시간을 더 많이 가졌다면, 소비자들은 UPS가 제공한 상이한 서비스들에 대한 더 많은 지식을 얻을 수 있었을 것이다.

바로 이때에 회사의 사업 확장에 본질적인 것으로 분명하게 인식된 "개인에 대한 서비스", 고객과의 직접적인 관계는 UPS가 기사와 소비자 간의 소통에 바쳐진 시간을 증대하도록 유도했으며, 결국 새로운 노동자들을 고용하기 위한, 그리고 상여금 형태로 급여를 늘리기 위한 실제적인 조건들을 창출하도록 만들었다.

포스트포드주의적인 "종합적 품질"은 재화와 서비스의 생산에 한정되지 않고, 유통, 판매, 소비, 재생산의 영역을 포함한다. 이러한 이유로, 보통 개인에 대한 돌봄이나 보편적 서비스의 활동들로 규정되는 소통적-관계적 노동은 보편적 가치를 획득한다. 포스트포드주의에서 노동이 노예적 함축을 띠는 까닭은, 소통적-관계적 행위가 정확히 인식되고 있지 않기 때문이다. 비록 경제적 관점에서는 점점 더 타당성을 띠었지만 말이다. 따라서 노동은 한 노동자가 다른 노동자에 대해 권한을 갖는 인격적 위계를 부과하기 위한 기회가 되며, 냉소, 공포, 또는 비난과 같은 심정, 감정, 성벽이 생겨나 곪을 수 있는 지대가 된다. 그러나 노동의 노예적 함축은 생산적 노동과 비생산적 노동의 구분이 아니라, 소통적-관계적 활동들에 대한 경제적 보상의 결핍에 기초한다.

8. 새로운 경기 순환

"척도", 정확히 말해 우리가 기술해 온 구조적 변화들의 지표는 1990년대 초반의 새로운 경기 순환 특유의 동학에 의해 주어진다. 물론 새로운 포스트포드주의적 순환의 가장 놀라운 특징은 그 확장 국면이 더디면서도 비인플레이션적인 본성을 갖는다는 점이다. 완만한 인플레이션율을 보이는 더딘 성장은 경기 순환의 전통적인 동학과 모순된다. [전통적인 해석을 따르자면] 인플레이션은 "자연" 실업률의 달성과 생산 역량의 완전한 활용의 결과이다. 경기 순환의 고전적인 동학에서 실업이 일정 수준 아래로 떨어지면, 기업들[사업체들]은 종업원을 고용하고 비용을 가격에 전이시키기 위해 임금 인상에 동의한다. 이와 동시에 기업들은 현재의 공급을 넘어서는 수요(이것은 생산 역량을 최대로 활용하고 있다는 것을 나타낸다)에 대한 대응[책]으로 가격을 인상한다.[52]

하지만, 포스트포드주의적인 경기 순환은 이 이론과 모순되는데, [이 경기 순환은] 경제 지표들이 기능을 수행하지 못하도록 하며 그럼으로써, 이와 같은 지표들에 의거하여 인플레이션이 금융조절수단monetary instruments을 방해하지 못하도록 결정하는 통화 당국들을 몰아낸다.[53] 이러한 현상에는 몇 가지 이유가 존재한다.

우선, 포스트포드주의적 성장 체제의 바로 그 본질은 시장을 최대로 확대하기 위한 압박을 함축한다(이것은 규제 철폐의 증가, 그리고 지역 시장 보호를 목표로 하는 모든 보호주의적 규범의 금지를 함축한다). 이것은 낮은 노

---

52. 다음을 보라. Erik Izraelewicz, "L'Amérique sans inflation[인플레이션 없는 미국]," *Le Monde* (April 19, 1994).

53. 주간지 『비즈니스위크』는 1993년부터 장기 시리즈로 성장에 대한 논문, 분석, 논평 들을 간행하며 연방준비위원회의 정책들을 비판했다. 다른 한편으로 『이코노미스트』는 연방준비위원회의 접근법을 고집하며 "급박한 인플레이션"의 위험들을 주장한다.

동 비용뿐만 아니라 다음과 같은 전략적 지위, 즉 모든 판매 잠재력을 완전히 활용하기 위한 해외시장들에 대한 전략적 지위를 추구하는 기업 기능의 세계화로 귀결된다. 세계화는 포스트포드주의적인 생산과정 재구조화로 이어진 생산과 시장 관계가 전도된 결과다. 시장 포화는 동일 시장에서 이루어지는 동일 부문 회사들 간의 격렬한 경쟁을 위한 조건들을 창출할 수밖에 없다. 생산자들은 수요가 늘어나고 있을 때조차 비용을 상승시키기보다는 오히려 노동 비용을 절감하는 이윤의 실현을 선호한다.

기업적 세계화는 **전지구적 오퍼**global offer 54를 통해, 개별 국가의 내부 수요에서 발생하는 변이들에 대응할 수 있도록 해 준다. 미국의 공장 생산력plant capacity이 최대 한도에 이르면, 멕시코, 중국 또는 유럽의 공장들(대체로 여전히 미국 소유의 공장들)이 대신 오퍼를 제공하고 그리하여 미국 내의 수요를 충족시킨다. 달리 말해, 전지구적 경제에서 "일국적 생산 능력" 개념은 더 이상 어떠한 기능적인 operational 의미도 지니지 못한다.

둘째, 포스트포드주의 확장 주기에서는, 실업 수치의 감소 결과 임금 상승으로 야기되는 비용 기반 인플레이션의

---

54. [옮긴이] "offer"가 여기에서 '수출업자가 상대국의 수입업자에게 내는 판매 신청'의 뜻을 갖는 외래어로 쓰인 것으로 생각되어 "오퍼"로 옮겼다.

위험성은 상당히 줄어든다. 그와 반대로 경기후퇴 국면에서는 고용의 순손실, 비정규직의 증가, 실업의 공포(사회국가 및 노조 대표가 제공했던 보장들이 점차 사라지면서 늘어나는 공포)가, 현재 MIT에서 강의를 하고 있는 경제학자 폴 크루그먼에 따르자면, "기대치가 낮은" 인구를 창출한다.[55]

포스트포드주의적 주기에서 이루어지는 사회 갈등들을 통해 우리는 관련된 분파들의 전술에서 매우 중요한 변화들을 파악할 수 있다. 한편에서 노동조합들은 조합원들의 일자리를 없애지 않겠다는 보장을 받기 위해 급여나 혜택의 감소를 종종 감수한다. 다른 한편에서 경영 압박에 대한 저항이 더 거세질 때 사용자는 저렴한 회사들에 대한 아웃소싱에 의존하고 종업원은 노조에 가입되지 않고 저스트인타임으로 고용된다.

1994년 4월, 7만 5천 명의 미국 트럭 운전사 노조원들이 일으킨 3주간의 파업 사례는 정확히 종종 포스트포드주의적 경기 순환에서 발생했던 역관계에서의 변화를 설명하기 위해 인용된다. 1989년에는 똑같은 파업이 겨우 10일 간 지속되는 것만으로 미국 경제를 마비시켰다면, 5년

---

55. [옮긴이] 마라찌의 책이 출간된 1994년 이후, 폴 크루그먼은 프린스턴 대학교로 자리를 옮겨 『뉴욕타임스』에서 칼럼니스트의 직책을 맡았으며 2009년 노벨경제학상을 수상했다.

뒤 미국 경제는 중단 없는 확장을 이어갔다.

운송 부문은 원료, 부품, 완제품의 공간적 순환에 기초하는 저스트인타임 경제에서 차지하는 그 전략적 역할을 고려할 때, 규제 철폐 정책들의 논리를 가장 잘 예증하는 부문이다. 네트워크화된 기업들, 비용을 줄이고 생산성을 높이기 위해 도급에 체계적으로 의존하는 것, 직접 노동, 특히 제품의 안전성에 의존할 수밖에 없는 승객들의 안전과 환경에 종종 비참한 결과를 동반하는 정비직과 같은 직접 노동의 탈전문화, 고정자본 지출의 가속 상각[56]을 위한 최대치의 생산 능력 착취, 그리고 비정규직 노동자들에 대한 증대된 의존 등이 그것들이다. 경기의 후퇴 국면에서 우리는 규제 철폐라는 의미에서 재구조화 과정들의 가속화를 목격한다. 이 규제 철폐는 노동인구에게서, 급여 축소와 직업적인 평가 절하에 대항하는 파업과 같은 고전적인 저항 수단을 효과적으로 박탈한다.[57]

따라서 인플레이션이 다시 일어날 수 있는 곳은 급여

---

56. [옮긴이] 기계 등의 내구생산재 상각과 달리 내용년수의 초기에 상대적으로 많은 금액을 상각하는 감가 상각 방식의 일종이다. 자본계수를 높이고 투자의 유효수요 효과를 창출하기도 하지만 창업기업의 경우 창업 초기에 많은 금액을 상각하기 때문에 회계상 손실이 커진다는 단점도 있다.

57. 다음을 보라. Sergio Bologna, "Volare è un po' cadere : I perversi meccanismi della 'deregulation' aerea," *il manifesto* (February 21, 1989).

전선 위가 아니다. 노동자들의 협상력 약화 그리고 급여가 언제나 생산성보다 덜 상승하는 것과 같은 방식으로 생산 행위를 공간적으로 재분절하는 것, 이것이 노동 비용의 통합적인unitary 감소를 야기한다. 급여 소득의 실질적 감소는 또한, 오늘날 미국의 의료 부문에서 일어나고 있는 것처럼, 서비스의 질을 향상하고 가격을 하락하라는 소비자 압력을 불러온다(그리고 이것은 새로운 현상이다). 소비자 서비스 전선에서 일어나는 저항은 소득 창출 및 분배 전선에서의 권력 관계 약화에 대한 반작용으로 나타나며, 이미 산업 부문에서 사용된 포스트포드주의적 기술들에 힘입어 서비스 부문에서도 역시 재구조화 및 합리화 과정들을 초래한다. 따라서 전통적으로 낮은 생산성으로 인한 인플레이션의 근원이 되는 서비스 부문에서, 인플레이션적인 가격 상승을 향한 압박을 기대할 수 없다.

포스트포드주의적 과학기술들은 그 정보적-소통적 본성으로 인해 모든 생산부문에 결정적인 결과들을 야기하며, 경제 체계 전반의 생산성 증대를 가속화한다. 고전적 지표들로는, 예를 들어 슈퍼마켓의 금전등록기들의 광학 스캐너의 활용(소비재의 회전 시간 감소) 또는 컴퓨터 및 비디오-소통적 과학기술의 능력 향상으로 야기된 생산성 증대를 측정할 수 없다. 이러한 지표들은 물질경제 속에서 결정되었으며, 오늘날의 비물질경제의 근간을 이루는 **정보 흐름**에 대한 통계학적 데이터를 전달할 수 없다.[58]

시간당 노동의 산출물의 관점에서 생산성을 정의하는 것은 분명, 우리가 이후 몇 년 간의 엄청난 생산성 증대를 기대할 수 없도록 만든다. 이러한 정의는 정보 과학기술들에 내재하는 생산적 잠재력과 새로운 기업 조직 모형들을 고려하지 않는다. 사실상 생산적 잠재력은 더 이상 투자비용과 가격 간의 관계에 기초해서는 온전하게 측정될 수 없다. 우리는 그 가격이 항상 감소하고 있는 첨단 과학기술 재화에 기업들이 대규모로 투자하고 있다는 점을 매우 잘 알고 있다. 하지만 이것이 우리가 가격이 하락하면 투자량이 "실질적인" 관점에서 그렇게 인상적이지 않은 것처럼 보인다고 생각하면서, 투자 증대를 과소평가해도 된다는 것을 의미하지는 않는다. 실제로 새로운 과학기술들이 "더 훌륭한 타자수"보다 훨씬 더 넘쳐난다! 이러한 새로운 투자 물결의 혜택은 즉각적으로 물질화되지는 않을 것이다. 이유는 노동 실천들과 직업 훈련의 재구조화에는 시간이 걸릴 것이기 때문이다. 그렇지만, 생산에서의 혁신의 성패는 바로 이 지형 위에서 이루어지는 것이지, 결코 투자된 자본

---

58. 다음을 보라. "The Real Truth about the Economy : Are Government Statistics so much Pulp Fiction?", *Business Week* (November 7, 1994), 44~49.

과 판매 가격 사이의 양적 관계 위에서 이루어지는 것은 아니다.

경제의 세계화, 재구조화에 대한 투자, 사회갈등의 변동, 그리고 서비스 부문의 개선 등은 모두 포스트포드주의적 주기의 일부이며, 이것들은 상호작용을 통해 확장 시기 동안에 인플레이션이 발생하지 못하게 한다. 다른 한편으로 소통적 행위 그리고 생산과정 내부의 비물질적 조직 형태들의 중심성은 석유 같은 원자재의 비용 상승 가능성에서 비롯하는 인플레이션의 위험성을 감소시킨다. 포스트유물론 시대에 가장 중요한 원자재는 지식, 지성, 그리고 생산과정 동안에 활성화되는 기타 인지적-비물질적 자질들이다. 재화와 서비스의 최종 가격의 결정에 관한 한, 포드주의 시기 동안에 근본적이었던 물리적인 원자재는 이제 비물질적인 인적 자원에 비해 덜 중요해진다.

이것은 다음과 같은 점, 즉 포스트포드주의적 경기 순환의 실재 본성 그것만으로 통화 당국이 가격이 오르기 시작할 때 이자율 상승을 삼갈 것이라는 점을 의미하지는 않는다. 사실은 그 반대가 참이다. 통화 당국은 전혀 가능성이 없는 인플레이션을 두려워하면서 실제로는 스스로 인플레이션을 창출할 위험에 처하고, 금융 및 통화 시장을 불안정하게 만들며, 자기충족적인 기대를 창출한다.

물론 통화 당국은 자신의 할 일을 하는데, 그 일은 통화 수단에 따라 움직이는 악성 인플레이션을 막는 데 있다. 이제 거의 분명해 보이는 것은, 통화 당국이 제시하는 지표들이 포스트포드주의적 주기의 동학에 대한 효과적인 대응을 명료화하는 데에는 부적절하다는 것이다. 이제 경기 순환이 동기화되는 것은, 사실상 "실물" 경제와 "화폐" 경제 사이의 긴장이라는 토대 위에서이다. 미국, 유럽, 일본 — (미국에 매우 유리하도록) 과거에는 그들의 경기 순환이 동기화되지 않았던 세 개의 "축들" — 은 이제 그들 각자의 주기의 점진적인 동기화를 향해 있다.

사실상, 전지구적인 포스트포드주의 경제에서 재화와 서비스에 대한 전지구적인 오퍼가 존재하는 것이 사실이라면, 수요 역시 비가역적으로 전지구적이 된다는 것 또한 사실이다. 1990년대 초반 금융시장의 규제 철폐는 경기 순환의 동기화로 이어진다. 왜냐하면 자본의 국제적 이동성으로 인해, 포스트포드주의 재구조화가 지체된 곳에서는 경기순환이 재구조화를 가속화하고 생산과정의 재구조화가 이미 일어난 곳에서는 경제 확장을 지연시키기 때문이다. 그 결과, 전지구적 경제에서, 팽창 국면의 마지막에 가장 근접한 나라의 통화는 아직 회복 중에 있는 나라들의 통화에 비해 평가 절하된다.

이것이 1994년에 일어난 일이다. 역설적이게도, 인플레이션 회복을 기대하면서 연방준비위원회가 결정한 미국에서의 금리 상승에 뒤이어 달러의 평가 절하가 일어났다. 이것은, 높은 금리가 유럽과 일본의 자본을 끌어들이고 달러를 강화할 것이라고 여전히 생각한 모든 사람들의 말과 모순되는 것이었다. 반대 상황이 일어났다. (1993~1994년의 회복기에 미국 국내 수요가 튼튼하게 성장하고 있었지만 아직 구조조정 중이던 나라들에서는 해외 수요가 침체되고 있었기 때문에) 미국의 무역 균형이 악화되고 있던 그 시기에, 달러는 평가절하되어 미국 경제는 수출(과 이윤)을 늘릴 수 있었다. 다른 한편으로 여타 통화들의 강세는 아직 회복중인 나라들의 금리 상승에 제동을 걸었다. 따라서 유럽과 일본은 자국의 회복에 목매달 필요가 없었거나 미국으로부터의 수입을 줄일 필요가 없었다. 달러의 "이상한" 평가 절하의 결과인 환율의 변동이 없었다면, 유럽과 일본의 금리는 훨씬 더 빨리 상승했을 것이다.

미국, 유럽, 일본은 이제 다음과 같이 자신들의 경기 순환을 동기화하고 있다. 미국의 팽창 국면은 달러의 평가 절하 덕분에 확대되고 있으며, 그리하여 재화와 서비스에 대한 전지구적 수요의 증대를 보장하고 있다. 그리고 이것은 유럽과 일본의 경제가 금리를 과도하게 인상한 결과 자국의 회복 속도를 줄일 수밖에 없게 되는 순간 멈출 것이다. 1994년 유럽 경제가 북미, 중미, 동유럽 나라들에 대한 수출에 의해 지탱되었다면, 내구재에 대한 국내 수요[내수]는 회복의 기미가 전혀 보이지 않았다. 이것이 인플레이션은 낮게, 그와 대칭적으로 금리는 높게 유지했다.

그렇다면 우리는 경제 지표들의 위기가 생산과정(즉 오퍼의 창출)의 세계화뿐만 아니라 재화와 서비스에 대한 수요의 세계화를 가속화하는 데 기여한다고 말할 수 있다. 한편으로 강력하게 자유화된 국제 금융시장에서 우리가 **화폐에 대한 전지구적 오퍼**에 대해서 이야기할 수 있을 뿐이라면, 다른 한편으로 포스트포드주의적 경제회복의 비인플레이션 본성은 새롭고도 색다른 합리성에 따라 자본을 이동시킨다. 자본은 실제 금리에서의 변수와 무관하게 수요에서의 변수를 적시에 기대하면서 한 시장에서 다른 시장으로 이동한다. 실제로, 풍부한 자본 유용성이 수요 변동에 의해 좌우되고 자본은 그 수요 변동을 활용하여 자본화되어야 하는 것을 특징으로 하는 경제 체제에서는 달리 길이 없었을 것이다. 사실이 그렇다면, 1990년대 전반기 동안 경기 순환의 동학이 여실하게 보여주는 것처럼, 금리와 통화 가치 사이의 모순적 관계는 실상 포드주의 패러다임 내에서는 완벽하게 이치에 들어맞는다.

그 이상의 증거로서 우리는 미국 투자에서의 점증하는 세계화를 살펴볼 수 있다. 1992년과 1994년 사이, 미국의 해외 투자는 엄청나게 확대되었다. 다른 나라들의 경제 회복이 공고화되기 시작함에 따라 자본은 미국 외부로 이동했다. 화폐의 전지구적 오퍼를 조절하는 것을 목표로 하는, 재화와 서비스 가격의 매우 느린 상승과 중앙은행들의 신중한 정책들로 인해 미국 투자자들은 유럽, 일본, 개발도상국들의 회복이 과도한 인플레이션적 위험들로부터 면역력을 갖추었다고 믿게 되었다. 따라서 **전지구적 투자자**는 해외 금융 투자의 가치가 가까운 미래에 감소되지 않을 것으로 볼 것이다.[59] 사실, 실질적으로 볼 때 일본과 독일의 금리는 미국 금리보다 높은데, 그 이유는 정확히 이 나라들에서 인플레이션이 영에 가까웠기 때문이다. 더욱이 미국 내부의 국내 수요의 성장이 지금까지 가능했던 것은, 1994년 동안 국내 저축에서의 기록적인 감소(이용 가능한 소득의 3.8퍼센트), 그리고 그에 따른 소비자 신용의 증가 덕분이었다.

이와 같은 방법으로 우리는 미국 금리의 반복적인 상

---

59. 다음을 보라. "The Global Investor : As Foreign Economies Revive, Americans Are Buying Up Overseas Stocks," *Business Week* (September 19, 1994), 40~47.

승과 결합된 달러의 평가 절하라는 명백한 역설을 설명할 수 있다. 자본은 투자자들이 수요 상승을 기대하는 곳(미국과 비교해 볼 때 지출을 위해 쓸 수 있는 금리가 낮고 저축이 높은 곳)으로 이동했다. 수요가 오퍼를 추동한다는 비주류적인 진술은 포스트포드주의에서 딱 들어맞는다.

선진국, 그리고 특히 미국이 인플레이션과 관련하여 결정적인 게임을 벌이고 있다는 사실에는 여전히 변함이 없다. 한편에는 "악성 인플레이션"이 임박했다고 믿는 사람들이 존재한다. 1994년 말에 여전히 이러한 일이 일어날 어떠한 조짐이 없음에도 말이다. 인플레이션 강경론자들은 통화 당국이 금리를 상승하도록 만들기 위해 할 수 있는 모든 일을 하면서, 재무부 채권 투자자들의 소득(지대)을 보호하려고 노력한다. 그리고 실제로 이러한 종류의 정책의 유일한 승자는 최상의 고액 소득층으로서, 이들은 대부분의 채권을 보유하고 있다. 이와 달리 중간 소득층 및 저액 소득층은 대부분 빚을 지고 있는 사람들이며, 이러한 상태에서 그들은 유효 소득의 심각한 감소로 고통을 받는다. 이러한 상황은 소득 분배 격차의 악화로 귀결된다. 다른 한편 비인플레이션적 경제성장은 그 특성상 금리 조작에 의해 통제될 수 없으며, 이것은 재정 정책들로써 경기 순환을 규제하고 싶어 하는 사람들에게 유리하게 작용하는 것으로 귀결된다. 명목 금리와 인플레이션 비율 간의 차이의 결과인 **실질 금리**는, 개인은행들private banks이 자신들의 신용 제공을 대규모로 확대하고 있을 정도로, 그리고 중앙은행들의 정책들을 훨씬 덜 효율적으로 만들 정도로 이미 매우 높다.[60] 이 모든 것을 통해 확인할 수 있는 것은 포스트포드주의적 경제 변동에 기초해서 통계학적 지표들을 재규정하는 것이 매우 절실하다는 것이다.

마지막 분석에서 보면, 경기 순환의 동기화는 부의 국제적인 분배의 합리성을 근본적으로 변경한다. 미국, 유럽, 일본의 성장 엔진은 그들과 나머지 나라들 사이에 새로운 위계들을 수립하는 것이다. 이러한 위계들은 그들의 경제력에 의해서만 결정되는 것이 아니라, 점차 전지구적 정보 흐름 내부에서 차지하는 그들의 상대적 지위의 결과에 따라 결정된다. 이러한 점에서 볼 때, 미국의 성장률이 겨우 2 내

---

60. 다음을 보라. George Graham, "Haunted by the Specter of Inflation," *Financial Times* (October 27, 1994), 15. 『월스트리트저널』은 1994년 10월 27일 사설 제목을 "부유세"라고 붙인 것에서 알 수 있듯이 인플레이션 가설에 동조한다. 인플레이션과의 전투에서 효과를 보기 위해서는 연방준비위원회가 금리를 상당히 인상해야 한다고 언급해야 한다. 그러나 실제로, (단기 금리 상승에 훨씬 덜 영향을 받는) 서비스 부문의 성장, (수요에 의해 수행되는 점점 더 결정적인 역할의 결과로서 주어지는) 개인 회사들에 대한 비은행신용의 성장, 그리고 경제적 세계화(따라서 해외 투자자들의 강렬한 현존) 등은 모두 연방준비위원회의 역할 약화에 기여하는 요인들이다.

지 3퍼센트일 때 중국의 광동성*의 성장률이 15퍼센트라는 사실은 그리 중요한 것이 아니다.[61] 훨씬 더 중요한 것은 전 지구적인 텔레커뮤니케이션 네트워크 시스템이 매달 15퍼센트의 비율로 성장하고 있다는 사실이다. 왜냐하면 이 비율은 그 시스템이 이러한 새로운 전략적 자원들에 대한 "지배력"을 통해 창출하는 권력과 전지구적 위계들의 성장을 측정하는 비율이기 때문이다. 정보-소통적 네트워크들의 세계화에 대한 이 지배력이 새로운 국제적 권력 분할을 결정할 것이다. 권력은 빠른 속도로, 지식 재산에 대한 국제적인 접근의 위계 창출에 착수하고 있으며, 그 비용은 국제적으로 거래되는 재화와 서비스의 상대적 가격의 결정에서 점점 더 결정적으로 된다. 이제부터 특허, 저작권, 상표, 영업 비밀 등이 모든 국제조약들의 실질적인 관심사가 될 것이다.[62]

국제적인 정치적·경제적 지배력의 분할에 대한 재규정은 우연의 산물이 아니라, 오히려 전자통신 네트워크에 대한 투자들에 의해 그려지는 지리적 노선들을 따른다. 이윤 창출을 위한 시간은 해외자본의 침투를 막기 위해 여러

---

61. 다음을 보라. "The Information Revolution," *Business Week* (June 13, 1994), 38. 커뮤니케이션 네트워크에 대한 투자 "지도"에 대해서는 "The Global Free-for-All," *Business Week* (September 26, 1994)를 보라.
62. 다음을 보라. "Trade Tripwires : Tighter Patent and Copyright Laws Will Soon Become Part of Trade Rules," *The Economist* (August 27, 1994).

나라들이 세운 장벽에 대한, 즉 규제 철폐와 관련한 그들의 지위에 대한 저항에 의해 규정된다. 각 나라의 지위는 비물질노동과 지식을 이용할[자본화할] 수 있는 능력에 의존할 것이며, 지식의 비용을 상대가격[63]에 전이할 수 있는 가능성에 의존할 것이다. 이것들[능력과 가능성]은 새로운 중심국들과 새로운 주변국들 사이에, 새로운 남과 새로운 북 사이에 존재하는 "불평등 교환"의 진정한 담지자들이다.

이러한 종류의 경제적 지정학에서 볼 때, "유럽이 실패하고 있는 까닭은 유럽이 쇠퇴하고 있기 때문이 아니라, 이러한 쇠퇴를 받아들이지 못하기 때문에, 그러한 쇠퇴를 주장하지 않고 그것에 저항하기 때문이다."[64] 그러나 "기억의 무덤"이자 회원 나라들 사이의 무자비한 경쟁, 폭력, 우방국들 간에 벌이는 투쟁들의 장소인 이 유럽의 쇠퇴를 주장하는 것은 유럽 대륙이 생산할 수 있을 집합적-지식에 기초한 유럽 통일체를 건설하는 것을 의미한다.

비물질노동이 전략적 가치를 갖는 포스트포드주의 경제에서, 오직 유럽 국가만이 역외적[65]이 될 수 있다. 다시 말

---

63. [옮긴이] 어떤 재화의 실물 1단위를 다른 재화의 실물과 교환하는 비율을 가리켜 '상대가격'이라고 한다. 이에 비해 절대가격은 그 재화와 교환되는 화폐가격을 말한다.

64. Massimo Cacciari, *Geofilosofia dell'Europa* (Milan : Adelphi, 1994), 168.

65. [옮긴이] 역외적 국가에 대해서는 3장 4절에서 자세히 논의될 것이다.

해 유럽 국가는 지역적[개별 국가의] 지식을 존중한다. 또한 유럽국가는 포드주의적인 성장 체제, 그리고 이 체제를 특징짓는 국제적인 교환 시스템에서 물려받은 규칙, 규범, 환율 등의 부과를 통해 이 지식을 말살하지 않는다. [포드주의적인] 체제는 우리가 이미 언급한 바 있는 "이중 사회"를 유럽적 규모에서 재생산할 뿐이다.[66] 제품의 자유로운 유통은, 만약 그것이 "지식의 자유로운 유통" 그리고 지식이 생산하는 사회적 주체들의 자유로운 유통이 되지 않는다면 효력을 발휘하지 못한다. 지역적 지식이 "자유롭게" 되기 위해서는 연구개발[R&D]에 대한 지역적·지방적 투자의 연속성을 보장할 국제적인 재분배 메커니즘을 통해 인정받아야 한다. 이러한 조치를 취하지 않았기에, 유럽연합은 "쇠퇴할 운명"에 있는 것이 아니라 이미 쇠퇴해 있었던 것이다.

이전 시대의 경기 순환과 관련해 "낯선" 포스트포드주의적 경기 순환에 대한 분석은 이러한 혁신적이고 구조 개혁적인 도약의 본성을 드러냈다. 또한 우리가 현재 당면하고 있는 위험들에 맞서기 위한 새로운 규칙들을 정교하게 만들어야 하는 긴박한 필요성을 밝혀주었다.

---

66. 이러한 방침은 다음 저작에서 볼 수 있다. Pierre Maillet and Dario Velo, eds., *L'Europe à géométrie variable : Transition vers l'intégration* [변화무쌍한 기하학적 유럽 : 통합으로의 이행] (L'Harmartan : Paris, 1994).

2장

측정 불가능한 것들을 위한 규칙들

1. 의미들의 박람회

1970년대 후반과 1989~1991년(미국) 및 1991~1994년(유럽과 일본)의 폭발적인 경기후퇴 사이의 기간 동안, 점진적인 포스트포드주의의 출현은 점점 커지는 "실존적 불안", 도착적인 불안감의 분위기, 사태에 관한 데이터로는 설명하기 힘든 사회적·정치적 방향 상실 등을 초래했다.[1] 1970년대 일부 청년 운동들 사이에서 널리 예견되었던 "미래가 없다"라는 이러한 불확실성의 분위기는 다음과 같은 몇몇 요인들에 기인하는 것으로 볼 수 있다. 대규모의 실업, 점점 더 많은 분야의 인구의 궁핍화와 고용 불안전성, 투자가 일자리를 더 창출하지 못하고 있으며 투자가 압도적인 숫자로 사실상 일자리를 줄이고 있다는 인식, 인구의 고령화와 관련된 문제들 그리고 이러한 문제들이 야기하기 시작하고 있는 금융상의 문제들 등이 그러한 요인들이다. 그러나 예전에 잠재적인 것으로 머물러 있던 것이 매우 심각하고 복잡하게 모습을 드러냈던 것은 오직 경기후퇴 기간 중이었다. 1990년대 초반의 경기후퇴는, 우리가 새로운 사회경제적 패러다임을 정치적으로 다루는 것을 미루도록 만들

---

1. 다음을 보라. Alain Bihr, "Crise du sens et tentation autoritaire,"[의미의 위기와 독재의 유혹] *Le Monde Diplomatique* (May 1992), 16~17.

었던 "무지의 장막"을 간단히 열어젖혔다.

이러한 "의미의 위기"의 뿌리들과 그 가장 직접적인 정치적 함축들을 분석하기 전에, 우리는 사회적 변형 과정들 사이에서 발생하는 시간 지체의 원인들, 이러한 과정들의 이면에 있는 메커니즘들에 대한 새로운 자각들, 이 변형을 통제하기 위해 고안된 정치형태들의 위기에 대해 고찰할 필요가 있다.

먼저 우리는 다음과 같이 자문해 보아야 한다. 오늘날의 새로운 "만능 수단"인 컴퓨터(즉 "언어 기계") 같은 새로운 생산 패러다임에 특유한 확산diffusion의 시대란 무엇인가? 오늘날의 컴퓨터는 한 세기 전의 전기 모터, 그리고 더 이전의 증기 엔진에 상응한다.

인텔 코퍼레이션의 창립자이자 CEO인 앤드루 그로브는 『비즈니스위크』와의 인터뷰에서, 새로운 정보 과학기술들에 특유한 확산의 시대에 관한 물음에 대답하면서 혁신의 경험은 이주의 경험과 다르다고 설명했다. 1956년 혁명중에 조국에서 탈출했던 헝가리 이주민인 그루브는 1960년대 초반 미국에 도착했다. 그는 유명한 실리콘밸리 개척자들 중의 한 사람이 되었다. 그에 따르면, 혁신과 이주의 차이는, 이주가 하나의 단절, 이전과 이후 사이의 근본적인 분리라면, 과학기술적 변형은 일상생활 속에서 매순간 살아가는 경험이라는 사실에 존재한다. 후자의 이행[과학기술적 변형]은 점진적이다. 어떤 한순간 우리는 손에 전자 레이저나 전동 칫솔을 손에 쥐고 있다. 실제로 우리가 새로운 "만능 기계"를 경험하는 때는 그것이 이미 우리 일상생활의 일부가 되었을 때이며, 그것이 이미 우리 가정 그리고 우리 아이들의 도구들이 되었을 때이다. 성경의 출애굽기에서처럼 자기 나라를 떠나는 것은 그와는 다른 경험인데, 그 까닭은 이것이 고뇌와 고통을, 그리하여 자신의 삶에서 어떤 일이 일어나고 있는지에 대한 자각을 함축하기 때문이다. 우리는 떠날 때 항상 언젠가 다시 돌아와서 친구와 가족을 껴안고 자신이 태어난 나라의 색깔을 보고, 소리를 들으며, 공기의 냄새를 맡을 것이라고 생각한다. 돌아갈 수 없다면 기억이 우리가 남겨 놓았던 것을 보존하기 위해 할 수 있는 모든 것을 할 것이다.

나와 동년배의 헝가리 이주민들에게는 두 가지 유형이 있다. 헝가리에 남겨두고 온 것들을 발견할 수 없다는 이유로 미국에 대해 끊임없이 불평을 해대는 사람들과 여기[미국]에서 이용할 수 있는 것을 [헝가리에] 남겨두고 온 것의 도덕적 등가물로 받아들인 사람들이 그것이다. 그러한 방식에 빠지자마자 사람들은 대세를 따르고 꽤 잘 적응했다. 다른 사람들은 "뉴욕에는 노천카페가 없다"며 여전히 불평을 해대고 있었다. 그것은 이처럼 사소한 것이다.[2]

이 "만능 기계"는 매순간 점차적으로 자신의 존재를 입증한다. 위기가 폭발해서 이러한 변형의 시대적 본성을 만인에게 드러낼 때는 이미 "너무 늦은 것"이다. 우리는 과거로 돌아갈 수 없다. 대세를 따르거나 계속해서 시대를 원망한다. 이전 시대의 "도덕적 등가물"을 추출하려 노력하거나 또는 원한으로 우리의 삶들을 악화시키면서 점점 사라져가는 기억에 호소한다. 새로운 것은 과거의 것을 제거하는 게 아니라, 과거를 일종의 바닥짐ballast 3 ― 즉 우리로 하여금 새로운 정동과 새로운 정치 투쟁들을 만들어 낼 수 있는 역량과 지성을 가지고 미래를 맞이하지 못하도록 하는 무거운 짐 ― 으로 만들어내는 것일 뿐이다. 이러한 이행 동안, 새로운 "만능 기계"의 확산에 필요한 장기간은 짧은 평균수명과 상충한다. 성서에서 말하는 출애굽에서와 마찬가지로 우리는 서둘러 가장 소중한 재산을 챙겨서 길을 잃지 않고 신세계

---

2. "The World According to Andy Grove," *Business Week* (June 6, 1994), 60~62.

3. [옮긴이] 배의 적당한 복원성을 유지하고 잠김과 기울기를 조절하기 위해 배의 하부에 싣는 평형수를 가리킨다.

를 "유랑할" 수 있게 될 것이다. 보통 이것들은 우리가 국경에서 숨길 수 있는 물건들이다. 신세계로 "은밀히" 가장 쉽게 가지고 들어올 수 있는 것은 친구다. 친구는 방랑자가 미지의 지역들을 건너갈 수 있도록 해 주는 "심연 위에 놓인 다리"다. 들뢰즈와 가타리가 영별하기 전에 개념화했던 것이 바로 이 친구다.[4]

이러한 고찰에 근거하면 앤디 그루브의 다음과 같은 언급은 별로 놀랍지 않은 것으로 보인다.

컴퓨터 과학기술을 가장 극적으로 응용한 것들 중의 하나는 항공 예약 시스템이다. 그것이 가장 극적인 이유는, 계산대에 앉아서 다른 시간, 다른 장소에 있는 비행기의 좌석을 예약하기 위해 시간과 장소를 연결하기 때문이다. 그것은 일종의 통신 응용이다.[5]

여기에서 놀라운 것은, 특히 인공지능에 대한 현학적인 담

---

4. 다음 책의 서문을 보라. Gilles Deleuze and Félix Guattari, "The Question then ……," *What Is Philosophy* (New York : Columbia University Press, 1994). 우리는 철학자들이 "개념들의 생산자" 또는 "비물질노동자"인 한, 그들이 자기 개념들과 우정을 나눈다고 말할 수 있을 것이다. 왜냐하면 친구란 자기 자신을 사고하기 위한 조건이기 때문이다. 철학자는 말 그대로 "지식의 친구"다.

5. "The World According to Andy Grove," 61.

론과 비교해서 가장 평범하고 익숙한 구체적 사례뿐만 아니라, 20세기에 소개된 공간-시간 관계라는 혁명적 개념조차 근본적으로 변형시키는 "4차원"에 대한 언급이다. 주관적으로, 우리는 사물을 바라보는 방식, 사유 범주들, 과학 이론들을 혁명적으로 만들고 있는 과정들을 매일 경험하면서 살아가지만, 이 주관적이고 단순한 경험, 즉 시간과 공간에 대한 우리의 지각을 천천히 형성하는 이 경험은 다른 시대에 창출되었던 정치 언어들과 상충하며, 이 언어들은 우리가 일상적인 삶 속에서 경험하는 것에 대한 어떠한 참조도 결여하고 있다.

포스트포드주의적 변형에 대한 정치적 담론의 지체된 반응 역시 과학 연구 세계에서 일어났던 것과 관련하여 설명될 수 있다. 학계는 점점 더 폐쇄적이고 제한적이며, 더욱더 전문화되고 보호주의적으로 되어가고 있다. 더욱 일반적으로 말해, 포스트포드주의적 변형은 학문적 전문화의 증대를 낳았다. 연구 분야가 증식된 것의 뿌리는 모든 것을 측정하고 수량화해야 한다는 강박관념에서 찾을 수 있다.

엄격히 설명될 수 있는 것과 단지 논의만 될 수 있는 것을 구분하려는 과학 연구 특유의 경향은 사회에 대한 담론의 똑같이 중요한 두 측면들 사이에 균열을 내는 것으로 귀결되며, 경제학자 지아코모 베카티니의 표현을 빌면 "'과학자'라는 흰 작업복을 꿈꾸는 사람들이 사회 영역에서 가장 어렵고 절박한 주제들에 대해 논의하는 것을 피하도록 해 준다." 포스트포드주의적 변형이 일어나는 동안, 특히 경제 분야에서의 양적인 과학 연구는 경제학자들의 **사회적 탈-책임화**로 귀결되었다. 이것은 또한 시민들의 비판적 자율이 약화되는 원인이 되었는데, 시민들은 스포츠에 대한 담론에 훨씬 더 적절했을, 급속히 늘어나는 기성^{prêt-à-porter} 이데올로기("무슨 수를 써서라도 성공하기")에 직면했다.

다양한 과학 학문들에 고유한 불충분성에 대한, 그리고 특히 학문 언어들의 전문화^{technicization}에 대한 분석을 전개할 수 있을 것이다. 우리는 약 50년 전에 발표된, 프레이저의 다음과 같은 경고를 인용하는 것으로 한정할 것이다. "경제적 삶의 현상들이 변할 때, 우리가 그것들을 기술하기 위해 사용하는 단어들의 의미 역시 변한다." 우리는 (가장 명백한 사회적 변화들로부터 물러서서 사회의 일반적인 발전에 대한 질문을 회피하기 위해 고안된 양적 분석으로 후퇴하는) 과학적 사유의 "디아스포라"가 정치가들에게 신뢰를 잃게 될 것을 두려워하는 과학자의 공포를 나타낸다는 점을 덧붙일 수 있을 것이다. 많은 경우 이것은 다양한 형태의 비굴한 출세주의를 조장해 왔다. 게다가 니체는 권력 의지가 양적 연구에서 어떻게 작동하는지를 매우 명확하게 설명한 바 있다. 양적 연구는 "세계로부터 그 가장 놀라운 측면들을 박탈한다. 계산할 수 없는 것들에 대한 공포는 과학의 비밀스러운 본능이다."

방법론적으로 볼 때, 지난 20년의 과학 연구는 "떠넘기기의 전략"strategy of deferral을 채택했다. 연구는 상이한 학문과 전공을 고립시키고 고착함으로써 자신을 조직했는데, 그 자신의 탐구 분야의 내적 응집력을 위협하는 것이면 무엇이든 그것을 다른 학문들에 떠넘기는 방식으로 그렇게 했다. 차례차례 떠넘기는 방식으로, 연구는 변화를 고찰할수 있는 바로 그 가능성을 스스로 거부했다. 사실상 "변화"는 연구 분야의 대상이 되어 전문적인 담론의 심화된 구획화를 통해 지식의 파편화를 악화시키고 있다. 변화에 대한 분석을 심리학, 사회학, 또한 심지어는 과학기술(그렇지 않다면 그저 TV 방송의 논쟁들)에 위임한 메커니즘은 모든 변증법적 개념에 대한 과학 연구를 결여했는데, 이것이 없다면 우리는 어떤 것도 이해할 수 없다.

어떤 사람들은 우리가 처한 현재 상황을 "의미의 위기" ─ 하나의 실존에 안정적이고 통일성 있는 의미를 부여하는 것, 하나의 정체성을 드러내는 것, 남과 소통하는 것, 살아갈 세계의 (실재적이거나 가상적인) 구축에 참여하는 것 등을 가능하게 해 주는 참조점들(아이디어, 규범, 가치, 이념 들)의 체계를 사회 구성원 모두에게 상술할 수 없고 제안할 수 없는 무능력 — 라고 서술했다. 이러한 상황은 우리 사회가 의미의 근본적인 결여를 특징으로 한다는 결론을 뜻하지 않는다. 그 반대가 참이다. 우리는 진정 "의미의 박람회" 속에서 살아가고 있다. 이곳에서 우리들 각자는 우리가 좋아하는 이미지들, 상징들, 신화들을 "자유롭게" 전유**할 수 있다. 우리가 결여하고 있는 것은 우리 삶들의 분산된 파편들을 구조화하고 통일할 수 있는 "상징적 질서"다.

"상징적 질서"의 결여를 뜻하는 이 의미의 결여는 의심할 바 없이, 자본의 역사적 발전 그리고 모든 것을 뿌리째 뽑고 독해하고자 하는 자본의 소명이 최고조에 이르는 지점이다. 결코 [이보다] 더 전지구적인 적이 없었던 경제는 고대의 의식과 의례 들을 절멸시키고, 국민국가들로부터 권력을 박탈하고 핵가족을 분해한다. 인종 역시 모든 행위자의 [피부]색과 냄새를 인공적으로 재생산할 수 있는 비물질적 생산과정 속에서 사라지고, "익사한다." 우리는 자본주의가 모든 소속감을 파괴함으로써, 전지구적 경제의 발전에 내재하는 "탈영토화"에 기인하는 뿌리 없는 개인의 유목nomadism에 의해, 완전한 행복을 위한 조건들을 창출할 것으로 생각했다. 이제 우리는 세계화와 자본주의적 "탈영토화"의 정점에 도달했다. 그리고 모든 것이 돌아오고 있다. 가족, 국민국가, 종교적 근본주의가 귀환하고 있다. 모든 것이 돌아오고 있다. 그러나 철학자가 예언했던 것처럼, 왜곡되고 반동적이며 보수적인 방식으로 돌아오고 있다. "의미의 결여"가 인간이 통신에 대한 자유로운 접근에 힘입어 마침내 서로 말할 수 있는 것처럼 보이는 시대를 우리 앞에 가져다주는 바로 이때에, 우리는 "인종"이라는 이념의 귀환, 그리고 기원과 소속에 관한 모든 신화의 귀환을 목격하고 있다. "투명한 사회"의 잠재적 자유는 그 반대 — 조국의 국경을 보호하는 인종주의적 불관용 — 로 변한다. 유일하게 중요한 것은 신화, 상징, 즉 증오를 가지고 무질서를 다스릴 수 있는 역사적 기원이라는 외관이다.

이 지점에서, 자본주의적 발전에 의해 야기된 공허함 emptiness에 대한 휴머니즘적 비난으로서 새로운 "상징적 질서", 새로운 "사회적 모형", 또는 "새로운 유토피아"에 대한 추구를 제안하는 사람들이 실제로는 잘못된 전제 위에서 자신의 논의를 구축하고 있는 것이 아닌가 하는 의심이 떠오른다. 그것은 우리를 압도하는 무질서에 대한 대안들을 추구하는 사람들의 고귀한 영혼을 의문시하는 문제가 아니라 오히려 환상들이 더 심각한 환상들에 의해 커지고 있는 상황을 피해보고자 하는 문제다. 이러한 상황 속에서 부단한 "의미에 대한 욕구"는 우리 조건을 개선하는 것이 아니라 더 악화시킬 것 같은 도식들에 봉착한다.

그러므로 현재의 규제 철폐가 전면전generalized war으로 귀결되는 것을 막는 데 필요한 규칙들을 규정하기 전에, 규칙들이 태어나고 구축되는 "장소들"에 대해 사고하는 것이 필요하다. 다음 부분에서 이것은 성평등의 (제헌적) 원리에 내재하는 "규칙"을 분석하는 것을 통해 이루어질 것이다.

2. 양말에 적합한 장소

가사노동을 둘러싼, 즉 "역사적으로" 여성에 의해 수행된 재생산노동을 둘러싼 논쟁은 규칙들에 대한, 그리고 이러한 규칙들을 규정하는 측정 단위에 대한 탐구에 본질적인 통찰들을 제공한다. 이러한 통찰들은 포스트포드주의 시대에 제멋대로 날뛰는 규제 철폐에 맞서는 데 필요하다.

가사노동이 경제적으로 생산적이라고 생각하고 가사노동의 보수("가사에 대한 임금")를 요구하는 사람들과 가사노동을 사적 영역의 보호에 필수 불가결한 "남에게 의존하지 않는 노동"labor for oneself 형태로 규정하는 사람들 간에 논쟁이 존재한다. 두 번째 관점을 취하는 사람들은 임금노동의 전반적인 축소("모두가 노동할 수 있도록 적게 노동하라")와 남성과 여성을 모두 포함하는 가사에 대한 협력적 접근을 요구한다. 이 두 입장들 간의 논쟁은 단지 외관상으로만 "낡아" 보인다. 이것은 사실상 우리 시대와 대단히 관계가 깊다.

가사노동을 위한 임금 모델에 비판적인 사람들은 이 제안이 경제 영역에서 여성을 배제하는 한편 전 시간 노동을 해야 하는 남성의 의무를 영속화할 위험을 포함한다고 주장한다. (앙드레 고르 같은) 이 비판가들은 또한 만약 우리가 정말로 가정을 자율적이고 개별적인 단위로 여기고자 한다면 남성의 가정 활동과 여성의 가정 활동 사이에 완전한 **상호성**을 확립해야 한다고 생각한다. 따라서 "개인 서비스"는 임금노동의 논리에서 철회되어 "우리 자신의 소유"(즉 사적 영역에 대한 통제)를 교정할 기회로 변형되어야 할 것이다. 이것은 자본주의의 특징인 노동의 성적 분할(여성에게 가해지는 임금노동과 가사노동이라는 이중의 짐을 함축하는 분할)을 극복하는 것을 포함할 것이다.

위에서 언급한 것들은 이론적이면서도 정치적인 논쟁의 항목들이다. 논점을 이런 식으로 사고하면 몇 가지 핵심적인 점들을 놓치게 될 것 같다. 공교롭게도, 가사 및 재생산 노동은 꽤 오랫동안, 최소한 경향적으로, 임금노동 형태를 취해 왔다. 그러나 그것은 여성들 사이에 계급 분할과 착취를 재생산하는 방식으로 그렇게 했던 것이다.

지난 10여 년 동안, 이전에 가정 내에서 수행되었던 수많은 재생산적 활동들이 시장에서 이용할 수 있는 서비스가 되었다. 세탁일, 집안 청소, 아이·노인·장애인·환자 돌보기 등이 그것들이다. 사람들을 돌보는 것(매우 강도 높은 종류의 노동)을 포함하는 서비스들을 위한 시장은, 점차 "인종적 소수자들"에 속하거나 그 구성원들이 낮은 급료를 받아들일 "준비가 되어 있는" 이주 집단들에 속하는 여성들로 구성되어 있는 일단의 여성 노동자들에 대한 필요를 창출할 정도로 확대되었다. 가사노동(가정 내에서 "가사 보조원들"에 의해 수행되고 가정 외부의 서비스 노동자들에 의해 수행된 노동)의 "봉급화"salarization는 성적인 것도 노동의 근본적인 분할도 바꾸어내지 못했지만, 가사노동 자체 내부의 위계를 창출했다. 그 분할의 한 측엔 중산계급의 여성(주로 백인)이 있고, 다른 한 측엔 종종 다른 인종 집단에 속하는, 그리고 구매력을 거의 가지고 있지 않은 여성들이 있다.

이러한 전개는 고르의 가설이 옳음을 증명하는 것처럼 보인다. 이 가설에 따르면 우리는, 단지 남성과 여성 사이뿐만 아니라 여성들 사이에서도 역시 평등을 재확립하기 위해 임금을 받는 재생산적 노동("신노예적인" 그리고 박봉의 개인 서비스)의 영역을 축소할 필요가 있다.

그러나 여기에서 멈추는 것은 논의를 불완전한 채로, 분석적으로는 불충분한 채로, 그리고 무엇보다도 정치적으로는 무력한 채로 남겨두는 것이다. 인종학적 연구는, 부부생활의 구조와 동반자 관계 내에서 작동하는 실재적이고 주체적인 동학에 대한 고찰 없이, 순수한 법적 술어들로 정의된 성 평등을 성취하는 것이 얼마나 어려운가를 보여주었다.

가족과 일상생활에 대한 연구를 전공하고 있는 프랑스 사회학자 장-클로드 카우프만은 "성 평등gender equality에 대한 저항의 핵심이 가족에서, 가정에서, 가장 기초적인 가사 실천에서 발견될 수 있다."[6]고 말한다. 가사노동에 대한 세밀한 분석을 통해, 노동시간이 같고 기술 발전의 수준이 동일함에도 불구하고 남성과 여성에 의해 수행되는 노동의 **강렬도**에 차이가 있음이 드러난다. 테일러의 "과학적 경영" 이론에 따르면, 노동의 강렬화는 엄청난 양의 재화가 동시에, 동일한 과학기술로, 동일한 수의 남성 및 여성 노동자들에 의해 생산될 때 발생했다. 생산성 증대는 작업일workday의 "숨구멍"(즉 "죽은" 노동시간)의 제거에 의해 성취

---

6. Jean-Claude Kaufmann, *La Trame conjugale : Analyse du couple par son linge* (Paris : Nathan, 1992), 192.

된, 노동 리듬 가속화의 결과다.

이 개념을 설명하기 위해 무수한 사례들을 들 수 있을 것이다. 그 중의 하나가 한 켤레의 양말이라는 사례다. 남자가 보기에 양말이 적당한 장소에 놓여 있지만, 여자는 전혀 그렇게 생각하지 않는다. 여자는 결국 자신이 올바른 곳이라고 여기는 장소에 양말을 가져다 놓는다. 말을 하지 않고 그저 양말을 "그것들이 있어야 할 장소"에 다시 놓음으로써 여자는 부부 간의 주도적 위치를 수정하는 새로운 습관을 만들어낸다. 그녀는 성적 분할을 재생산하고 악화시킨다. 현장 연구를 보면, 배우자가 없을 때 겨우 64퍼센트의 남자들만이 세탁물을 처리하고 여자의 경우는 90퍼센트가 그렇게 하고 있다. 마찬가지로 남성의 경우는 44퍼센트만이, 여성의 경우는 87퍼센트가 다림질을 한다. 이러한 결과가 나타나는 이유는 두 성 간의 관계에서 의복에 의해 수행되는 특수한 기능에 존재한다. 의복은 여성적인 [성적] 유혹에서 중심적인 "수단"을 차지한다. 세탁기(불변자본)로 표상되는 과학기술은 분명 남성이 일부 가사 활동들을 전유하는 데 도움을 주고 있지만, 남성은 여전히 세탁물과 과도하게 친밀한 관계를 형성하려고 하지 않으며, 그것을 대단하다고 여기지 않는다. 남성이 세탁기를 발명했지만, 분명 이러한 발명이 남성과 여성 간의 양적 상호성의 관계를 충분히 진전시키지는 못했다.

여성들이 가지고 있다는 "양말이 놓일 적절한 장소"라는 개념에는 오랜 역사가 있다. 무한한 성적, 사회적 분류는 주부의 단순한 몸짓 속에 보존되어 있다. 가사노동 전반을 가로지르는 무수한 무언의 몸짓들이 축적됨으로 인해 우리는 성적 상호성에 대해, 그리고 가사의 공정한 분배를 통한 사적 영역의 재구축에 대해 매우 주의 깊게 이야기할 수밖에 없다. 성 평등을 전제로 하는 법적이고 경제적인 틀 내부에서조차 남성에 의한 여성의 착취는 재생산된다.

이러한 논점은 엄밀한 가정 영역을 벗어나는 정치적 함축들 ─ 척도의 문제와 관련된 함축들 ─ 을 지니고 있다. 어떤 법률가도 그리고 어떤 경제학자도, 귀납적인 방식을 제외하고는, 여성-남성 동등성을 공평하게 수량화하는 측정 단위를 결코 적절하게 정의내릴 수 없을 것이다. 설령 평등한 권리와 작업 일정을 가지고 있다 해도, 상이한 역사들과 감수성들이 위계들과 형태들을 다시 만들어낸다. 그들의 법적 형태가 극복된 것으로 간주되는 순간에도 말이다.

수천 년간의 성적 역할 분배를 응집하는 무언의 몸짓인 "양말에 적합한 장소"는 권리의 문제를 질적으로 새로운 단계에서 제기한다. 아마르티아 센[7]은 전통적인 경제학에서 "개인들과 회사들이 가시적인" 반면 가족들은 그렇지 못하다고, 마찬가지로 가족에 대한 경제 이론을 설명하기 위한 그와 같은 시도가 시장 모형을 가족 구성원들 간의 교환에 적용하는 것으로 귀결된다고 올바르게 지적한다. "결혼을 '어느 한 쪽이 다른 사람을 고용하고 잔여 이윤을 취득하는 기업가가 되는 2인 기업'이라고 개념화하는 것은 어쩌면, 매우 복잡한 관계에 대한 매우 단순한 시각이라고 말할 수 있을 것이다."[8]

그것은 가정 단위 내부에서 남성 여성 사이에서 일어나는 교환들을 가능한 한 공정하게 규정할 수 있는 측정 기구에 대한 필요를 의문시하는 문제가 아니다. "새로운 형태의 빈곤"에 대한 수년간의 연구는 가정 경제들 사이의 부의 분배 개선을 감안하는 "등가성 규모"의 전개를 고려했지만, 가정 단위 내부의 재분배에 대해서는 거의 관심을 두지 않았다(한 가지 예외가 있기는 하다. 한 부모 세대의 경우

---

7. [옮긴이] 아마르티아 센은 인도 출생의 경제학자로서 기아와 빈곤 문제에 초점을 맞춘 경제학의 틀을 확립한 공로로 1998년 아시아인 최초로 노벨 경제학상을 수상했다.

8. Amartya Sen, *Resources, Values, Development* (Oxford : Blackwell, 1984), 371~372. 이 구절에서 센은 다음을 인용하고 있다. G. Becker, A Treatise on the Family(Cambridge : Harvard University Press, 1981), ix.

가 그것인데, 여기에서 아이는 남편처럼 취급된다.).

논의해야 할 것은 측정 기구의 본성이다. 가정 영역 내부에서 성 평등의 법적 원칙을 재생산하는 경제적 측정 기구는 남성과 여성에 의해 수행되는 작업을 비교할 수 있는 바로 그 가능성을 차단한다. 가정생활은 분명 협력과 갈등의 요소들을 포함한다. 이 요소들이 가족 단위의 구성원들 간의 "협상 문제"를 규정한다. 그러나 남성노동과 여성노동의 교환은 [그러한 노동의] "통일된" 차원으로 환원될 수 없다. 이 차원은 법정에서 (양육비 지불이나 이혼의 경우에서처럼) 법률가에 의해 법적으로 조정된다. 남성-여성 교환은 그것의 "통일된" 형태를 초월한다. 이 교환은 오직 "정밀한 경제적 가치"와 관계되는 협상의 양적 차원을 초월한다. 이것은 여성의 가사 활동들에 대한 평가가 가족 재산 개념의 확대를 함축하는 최상의 사례들에서조차 참이다. 바로 그렇기 때문에 남편의 소득 능력은 일련의 부양 의무들을 수행하려는 아내의 자발성에 의존하는 것으로 간주된다.[9]

---

9. 다음을 보라. Marzio Barbagli, *Provando e Riprovando : Matrimonio, famiglia e divorzio in Italia e in altri paesi occidentali*[시도하고 또 시도하라 : 이탈리아와 그 밖의 서유럽 나라들에서의 결혼, 가족, 이혼](Bologna : Il Mulino, 1990).

성 평등이라는 생각은 사회의 층위 그리고 계약 협상의 층위에서 강력하게 발달한 것이지 개별적인 층위에서 발달한 것이 아니다. 불평등은 대의(법의 보편성)와 실질적인 실천들(습관의 구체적인 특이성) 간의 — 형식적인 구성과 물질적인 구성 간의 — 불화[단충]에 스며든다. 성희롱의 문제와 꼭 마찬가지로, 가사노동 문제는 권력과 권위라는 논점들을 포함한다. 이것이 바로 우리가 **측정 불가능한** 가치평가 기준과 대면할 수밖에 없는 이유이다. 남성-여성 교환을 평등이라는 공통적인 체제에 단순히 종속시키는 것으로 남성 권력을 제거할 수 있다고 주장하는 것은 소용이 없다. 그러한 체제가 존재하지 않는 까닭은 교환이 언제나 **보충물** 그리고 주체적인 **차이** — 측정 단위들, 즉 구체적 노동의 질적으로 상이한 양들에 적용된 단위들로의 어떠한 환원에서도 벗어나는 경험상의 불균형 — 를 포함할 것이기 때문이다.

잘 알려져 있다시피, 척도의 문제는 다양한 층위에서 접할 수 있다. 우선 [다음과 같이] 수행된 다양한 구체적인 일들로부터 추상할 필요성이 존재한다. 다림질을 하는 사람이 있는가 하면 아이들을 돌보는 사람이 있고, 가정 외부에서 일하는 사람이 있는가 하면 가정 내부에서 일하는 사람이 있다. 가사노동의 경우, 추상 과정은 흔히 노동시간의 관점에서 다른 활동들과의 비교를 통해 이루어진다(노동시간의 관점에서 볼 때 전문적인 일은 일정한 양의 훈련 시간을 필요로 하고, 이 시간이 계산에 포함된다). 하지만 양말이 놓여질 "적절한 장소"의 예에서 본 것처럼, 이러한 추상은 여성의 "생생한 역사"의 격렬한 반발에 부딪힌다. 역사는 시간 단위로의 환원 그리고 수행된 노동을 측정하려는 시도를 문제화한다. 노동 시간이 동일하다 할지라도, 여성이 수행한 일들은 남성이 수행한 일들보다 훨씬 더 강도가 세다. 이러한 강도는 그것이 마치 (어린 시절부터) 시간이 지남에 따라 획득된 전문 지식의 직접적인 결과인 것처럼, 순수하게 양적인 차원으로 축소[환원]될 수 없다. 오히려 그것은 성역할의 분할을 반영한다. 노동 강도의 불균형 이면에는 비대칭적인 권력관계의 전 역사가 존재한다. 여성에게 행사된 권력은 동일한 척도 단위를 두 성 모두에게 적용하면서 노동시간의 양을 측정할 수 있는 바로 그 가능성을 위기에 빠뜨린다.

가사노동 과정에 대해 주의 깊게 분석해 보면, 상호성에 기초한, 즉 남성과 여성 간의 노동시간의 평등한 재분배에 기초한 권리 동등성에 대한 규정은 이 규정의 심각한 정치적 부적절성을 드러낸다. 노동에 바쳐진 시간의 양은 동일할 수 있다. 거기에는 특정한 기능들을 전공하는 데 필요한 훈련시간이 포함될 수도 있다. 그러나 실제로 완전히 이질적인 주체적이고 역사적인 경험들을 동일한 측정 단위 속에 뒤섞어 버린다. 일자¯*라는 측정 단위 안에는 차이(이 경우는 남성과 여성 간의 차이)가 잠복해 있으며 다양성들이 거주한다.

우리가 사적 영역에서 이루어지는 남성-여성 교환과 관련해 말한 것이 일반적인 의의를 지니고 있음이 분명해져야 한다. 그것은 자본주의 생산양식의 변형을 유도하는 패러다임의 핵심에 관계된다. 동등한 양의 노동시간 교환(이 교환에 기초해서 임금이 노동시장에서 결정된다)에 고유한 모순이 존재한다는 것을 깨달은 최초의 사람이 다름 아닌 정치경제학의 아버지, 애덤 스미스였다. 스미스는 계약에 의해 결정된 임금으로 노동자가 구매한 상품들 속에 포함되어 있는 노동의 양이 한 가지라면, 노동과정 중에 명령받은 작업의 양이 다른 한 가지라고 지적했다. 임금은 그 임금에 상응하는 상품들의 재생산에 필요한 것보다 더 많은 노동을 [하라고] 명령한다. 명령은 노동자가 생산과정에 진입하자마자 노동에 행사된다. 노동자의 활동은 철저하게, 자본가가 소유하고 있는 기계와 공장 조직에 의해 결정된다. 스미스가 매우 명확하게 지적한 것처럼, 정확히 말해, [상품들 속에 포함된 노동의 양과 노동과정 중에 명령받은 작업의 양 사이의 모순인] 측정에서의 이 위기로 인해 경제성장과 발전이 이루어진다. 사실 상응하는 상품들에 포함되어 있는 것보다 더 많은 노동을 급여가 명령[강요]한다면, 이 명령이 노동생산성의, 그리고 결과적으로, **자본주의적 성장**의 척도가 된다.[10]

스미스 이후로 경제economic [관련] 학문은 측정 불가능한 것들의 기원에 존재하는 모순을 제거하기 위해 할 수 있는 모든 것을 했다. 경제 [관련] 학문이 하려고 시도했던 것은, 질적 측면, 즉 "양말에 적합한 장소"를 제거하는 것, 다시 말해 그 이면에 노동하는 사람과 명령을 내리는 사람 간의 주체적 차이가 은폐되어 있는 잉여를 제거하는 것이었다. 다시 말해, 경제 [관련] 학문은 본래부터 차별화되고 변증법적인 범주들을 형식적인 정체성의 관점에서 단순화함으로써, 권력관계의 정치적 영역에 속하는 모순을 논리적

---

10. 노동가치론에 내재하는 모순에 대한 애덤 스미스의 독특성에 대해서는 다음을 보라. Claudio Napoleoni, *Valore* (Milan : ISEDI, 1976). 포함된 노동과 명령된 노동 간의 모순을 해결하려 했던 최초의 경제학자가 데이비드 리카도였음을 주목해야 한다. 다른 한편 맑스는 스미스도 리카도도 지지하지 않았다. 맑스는 오히려 두 접근법들 간의 모순을 강조했다. 스미스의 접근법은 발전을 설명하기에 타당한 것으로 간주되며, 리카도의 접근법은 재화의 순환[유통]과 분배로서의 교환을 설명하기에 타당한 것으로 간주된다. 맑스에 따르면, 이러한 모순에 대한 해결책은 없는데, 그 이유는 우리가 두 개의 상이한 질을 갖는 노동을 다루고 있기 때문이다. 포함된 노동이 죽은 노동, 이미 수행된 노동이라면, 명령된 노동은 산 노동, "활동 중인 주체성"이다. 노동자들이 생산수단에서 분리되는 경제 시스템에서 작동하기 위해서는 노동은 명령을 받아야 한다.

으로 해결하려고 시도했다. 이러한 방법으로 경제 [관련] 학문은 자신의 학문의 장으로부터 척도 위기의 정치적 기원이라는 논점을 몰아내고, **정치경제학**으로 태어나고 난 뒤 **경제학**이 되었다. 오늘날의 경제 지표의 위기는 현재 일어나고 있는 변형들을 분석하는 데 경제 [관련] 학문이 얼마나 불충분한지를 보여준다. 이러한 불충분성은 경제학의 바로 그 "임무"로부터 비롯된다. 즉 권력에 대한, 그리고 권력이 미시 및 거시-경제적 변수들에 미치는 효과들에 대한 정치적 분석을 제거하려는 경제학의 목표에서, 그 연구 분야에서 비롯된다.

그러나 "양말에 적합한 장소"와 이러한 표현이 나타내는 척도의 위기는, 현재의 변형 패러다임에 똑같이 결정적인 두 가지 다른 것들을 드러낸다.

가사노동의 영역에서, 우리는 포스트포드주의 체제에 핵심적인 것으로 되어가고 있는 부류의 노동을 다루고 있다. 그것은 **산 노동**이며, 여기에서 "생산물[제품]은 생산자와 분리 불가능하다." 자기 자신 내부에서 그 자신을 실현하는 이 노동은 모든 형태의 개인 서비스의 특징이 된다. 이 노동은 관계적 활동들의 형태로 직접적인 생산 영역 속에 자신의 범위를 계속해서 확장한다.

이 노동이 일반적으로 산 노동인 까닭은, 가사 영역에

서 분명히 알 수 있는 것처럼 기계(고정자본)가 개인적인 노동보다 덜 중요하기 때문이다. 20세기에 과학기술이 가정 속으로 들어와서 (세탁 작업 같은) 일련의 가정 일들 전체를 덜 성가신 것으로 만들어 온 것이 확실히 참이라면, 이러한 과학기술들이 여성이 수행하는 산 노동의 양을 전혀 줄이지 못했다는 것 역시 마찬가지로 참이다. 이 역설적 상황은 가사노동에 끼친 과학기술적 혁신의 결과들에 대한 연구를 통해 여러 차례 설명되었다. 세탁기 같은 가전제품들이 있다고 해서 산 노동의 양이 줄어든 것은 아니었다. 사실은 더 늘어났다. 이것은 가치들 그리고 연관된 미적·문화적 표준(한결같은 청결, 질서 등등의 추구)이 여성으로 하여금 가사노동 형태들을 다양한 방식으로 확장하도록 유도했기 때문이다. 이제 우리는 일주일에 한 번이 아니라 매일 아이들을 목욕시킨다. 그 결과 여성 노동의 양은 점점 늘어나고 있다.

과학기술은 일련의 육체적으로 힘든 활동들 전체를 단순화하거나 제거했지만, 사회문화적 맥락은 산 가사노동live domestic labor의 양과 질의 증대를 가져왔다. 단순히 말하자면, 산 노동은 특정한 사회문화적 맥락의 요소이자 결과가 됨으로써, 점차 소통적이고 관계적인 종류의 노동에 전형적인 것으로 되어가고 있는 일련의 특징들을 나타냈다.

(청결의 표준이 덜 까다로웠던 과거에 그랬던 것처럼) 10일마다가 아니라 이틀마다 셔츠를 세탁하고 다림질함으로써 아내 또는 배우자는 자신의 노동을 통해 남편이나 자녀의 가족-외적인 관계적 필요들을 재해석한다. 그녀의 노동은 이러한 외부적인 사회관계들을 유지할 수 있는 바로 그 가능성을 재생산한다. 남편이 집에서 똑같은 셔츠를 이틀 연속 입도록 내버려 두는 일은 있을 수 없다. 이것은 그의 이미지와 계급 신분을 위험에 빠뜨리는 것을 의미할 것이기 때문이다.

그러므로 산 가사노동은 사적 영역에서, 공적인 관계적 맥락을 재생산한다. 바로 이러한 이유로 산 가사노동은 기호들, 이미지들, 그리고 구체적인 사회문화적 맥락에 기초하는 점점 더 **소통적**이고 상징적인 종류의 노동이다. 여성의 가사 활동들이 소통적이기 위해서는 다음과 같은 인지적 자질들이 늘어날 필요가 있다. 그녀는 가족이 생활하는 맥락에서 출현하는 **기호**들과 **정보**를 산 노동으로 부단히 해석하고 **번역해야** 한다. 그녀는 저녁에 누굴 초대할지 그리고 "기대를 충족시키기 위해" 어떤 음식을 차릴지 결정해야 하고, 남편의 직업 전망을 좋게 하는 데 맞춰진 관계 전략을 정교화하며, 자녀 교육에 유리한 환경을 보장하기 위해 사회문화적 관계들의 네트워크에 투자한다. 이런 식으로,

산 노동은 기계적-행정적 의미에서 점점 덜 물질적이 되며 더욱더 관계적이고 소통적이 된다. 이것은 노동의 양을 줄이지 않고 오히려 바로 그 본질substance을 변화시킨다.

산 노동의 양은 줄어들지 않는다. 사실 그 양은 늘어났으며, 이로 인해 그 산 노동은 과학기술적 혁신과 필요노동 사이에 선형적인 인과관계를 설정하는 모든 과학기술 발달 이론들과 상충한다. 과학이 기계나 불변자본에 통합됨으로써 노동의 산업적인 부분, 즉 물질적이고 조작적이며 기계적인 부분을 제거할 여지가 생긴다. 산업노동의 축소와 아울러 특정한 맥락에서 일하는 사람들의 인지적이고 해석적인 자질들에 의존하는 소통적이고 관계적인 노동은 늘어난다. 소통적이고 관계적인 노동으로 인한 피로는 더이상 순수하게 육체적이지 않으며, 일과 관련된 스트레스와 결합된 새로운 병리학들이 늘어나는 것에서 알 수 있듯이 두뇌와 얽혀 있다.[11]

따라서 지난 몇 년간 여성투쟁의 초점이 평등권을 위한 동원에서, 덜 눈에 띄기는 하지만 그에 못지않게 의미심장하고 효과적인 투쟁 형태들로 "이동했던" 것은 놀랄 일이 아

---

11. 중요한 다음 저작을 참고하라. Juliet B. Schor, *The Overworked American : the Unexpected Decline of Leisure* (New York : Basic Books, 1993), 1~15. Barbagli, 1990, chapter 6도 참고하라.

니다. 관계적인 동학, 즉 언어가 새로운 투쟁들에서 결정적인 것이다. 이 이동은 노동시장에서의 남녀 평등에서만 패배한 것처럼 보인다. 물론, 보수에서의 불평등은 감소하지 않았다. 사실, 다른 요인들(위기, 인종, 이주 등의 요인들)이 끼어든 곳에서 불평등은 늘어났다. 여성들이 가장 먼저 경기후퇴의 영향을 받았다. 여성들은 자신들이 경기확장 국면 중에 획득했던 것들을 누리지 못하고 뒤로 밀려났다.

그럼에도 불구하고 1980년대 미국에서 실시한 연구가 보여주는 것처럼, 임금노동으로부터의 — 즉 임금 차별이 이루어지는 바로 그 장소로부터의 — "대탈출"이 종종 경기후퇴 이전에 시작되었다는 점을 지적할 필요가 있다. 일부 연구자들에 따르면, 여성 1인당 평균 아동 수의 증가는, 노동시장을 가로지르는 "대장정"이 그 전제들을 충족시키지 못했을 때 발생한 사적 영역으로의 "후퇴"의 관점에서 부분적으로 설명될 수 있다.

이렇게 복잡한 영역universe에 인과관계를 설정하는 것은 분명 매우 어려운 일이다. 그렇지만 남성과 여성의 임금 불평등 악화에 직면할 때, 아니 (헌법상의 권리에도 불구하고) 어쨌든 그러한 불평등이 영속적일 때, 관계적이고 소통적인 지형으로의 이동은 패배가 아닌 페미니즘적 투쟁 수단들에서의 진정한 혁신을 보여준다는 가설이 제기될 수 있다. 가사노동이 진정 점점 더 관계적이고 소통적인 본성을 띠게 된다면, 아마도 여성 정체성과 차이를 규정하기 위한 장소로서 언어를 선택하는 것은 이러한 변동에 기원을 둘 것이다. 여하튼 가사노동의 영속성은 여성이 왜 언어적이고 관계적인 소통 분야 특유의 적대 형태들을 발달시키는 데에서 남성보다 앞섰는지를 설명해 준다.

소통할 수 있는 능력인 언어는 실제로 헌법에 명시된 권리보다 훨씬 더 보편적이다. 차이는 동등할 권리 같은 권리들의 보편성이 순전히 형식적이라는 사실에 존재한다. 그렇기에 차이는 직장에서건 가정에서건 일상생활 속의 권력관계의 실재와 씨름해야 한다. 형식적 권리들이 사람들에게서 신속하게 분리되는 것은 우리가 노동의 세계 안으로, 그리고 남성과 여성 간의 직접적인 사적 관계 안으로 들어갈 때이다. 다른 한편으로 언어는, 언어와 형식적 권리들을 구별하는 독특한 특징을 보여준다. 언어는 또한 (헌법상의 권리처럼) 본성상 공적이고 보편적이지만, 결코 인간과 분리되지 않는다. 언어는 개인적인 권력관계의 실재를 항상 "초월한다." 언어는 명령을 내리는 다른 사람과 관련하여 자신의 정체성과 차이를 재규정할 필요가 있을 때마다 그가 활용할 수 있는 내재적 자원이다. 언어는 우리가 나와 우리, 단수적인 것과 집단적인 것, 사적인 것과 공적인 것을 가장 잘 접합할^{conjugate} 수 있는 "장소"다. 여성의 언어와 소통의 경우, 보다 전통적인 투쟁 형태들과 비교해 진정 새로운 것은 공적 영역이 정치적 공동체를 **직접적으로 구성한다**는 사실이다.

아이다 도미니자니가 지적하는 것처럼 광범한 정치적 혁신이 존재하는 곳은

> ……우리가 대화를 위해, 그리고 침묵을 위해, 현실을 바꾸기 위해 또는 변화하는 현실을 해석하기 위해 — 정치에 개입하기 위해 또는 사회적 연대를 수립하기 위해 — 선택하는 형태들이다. 우리는 결코 남성의 정치학에서 사용된 것과 동일한 형태들, 동일한 몸짓들, 동일한 언어들을 채택하지 않았다. 종종 우리는 우리가 충분히 말하지 않았거나 행동하지 않았다는 말을 들어 왔다. 진실은 우리가 다른 방식으로 행동하고 말했다는 것이다. ……여성해방은 이와 같은 것이다. 여성해방은 정당들을 따르거나 고전적인 가시성과 갈등 양식들을 따르지 않는다. 우리는 적을 잊어본 적이 없다. 우리는 종종 고전적인 가면 속이 아닌 다른 곳에서 적을 발견한다. 우리는 "신중한 후퇴 전략"에 따라 우리의 대화를 잃어버린 적이 없다. 그렇지만 우리는 기자회견을 통해 정치를 하지 않으며, 그리고 대부분 거리

시위를 통해서 그렇게 하는 것도 아니다. 여성의 말들은 경청하기를 원하는 모든 사람들에게는 아주 가까운 곳에 있다. 가정과 공장에, 의회에, 노조에, 정당에, 신문에 말이다.

여기에 다음을 덧붙일 필요는 없을 것이다.

…… 그러한 이해관계는 여성들에게 한정되지 않고 변형의 패러다임, 유토피아의 실현을 포함한다. 정치는 정부의 탁자 위가 아니라 해석의 장 안에서 작동한다.[12]

3. 정보 경제에서의 가치

1991년 미국에서 그리고 1994년 초반 유럽과 일본에서 처음으로 경기회복의 징후가 나타나자, 경기후퇴의 종식이 어떤 근본적인 경제 관계들을 변경할 것이 확실해 보였다. 특히 다음과 같은 점이 도처에서 실제로 논의되었는데 투자와 고용의 관계가 바로 그것이다. "고용 없는 성장"이라는 표현은 금세, 희망과 공포를 모두 불러일으킬 수 있

---

12. Ida Dominijanni, "La società degli uomini," *il manifesto* (September 13, 1994).

는 슬로건이 되었다. 경기후퇴 기간에 일자리를 잃은 사람들은 새로운 일자리를 찾지 못할까 두려워했으며, 노동을 할 의무로부터 자유로운 사람들은 근본적인 방식으로 자신의 삶을 바꾸길 희망했다. "고용 없는 성장"이라는 표현의 양가성은, 단순화에 의존하지 않고, 그리고 열광 및 열망과 관계없이 문제 삼을 필요가 있다.

한 가지는 분명하다. 정보 과학기술의 응용은, 항상 투자와 직업을 연결시켰던 인과적 선형성이 **없어진다는** 의미에서, 투자와 일자리 관계의 바로 그 본성을 변화시킨다. 이것은 일정량의 투자가 고용률의 감소로도 또는 증대로도 이어질 수 있다는 것을 의미한다. 이러한 관계의 **중요성은** 선험적으로 주어지는 것이 아니라 오히려 생산될 수 있는 부의 양과 창출된 직업 **종류** 사이에 균형을 잡는 일자리 창출이라는 ― 기업가들, 노조들, 또는 국가가 내리는 ― 선택에 의존한다.

1942~43년 벨^{Bell}에서 근무하는 일단의 엔지니어들이 "정보"라고 부른 "가시적인 물리적 양"을 발견한 이래로 줄곧, 우리는 우리가 새로운 차원의 물질에 직면하고 있음을 알고 있다.[13] 인공두뇌학의 창시자들 중의 한 사람인 노버

13. 다음을 보라. Jacques Robin, "Mutation technologique, stagnation de la pensée," *Le Monde Diplomatique* (March 1993), 12.

트 위너[14]는 다음과 같이 소극적인 방식으로 정보를 정의했다. "정보는 질량도 에너지도 아니다. 정보는 정보다." 볼딩은 미국 과학 아카데미에서 연설하면서 다음과 같이 말했다. "물질의 세 번째 근본적인 차원이 여기에 있다." 섀년은 기호들의 양질의 전송을 보증하는 데 이용될 수 있는 가시적인 물리적 양이라는 정보 이론(우리는 2차 세계대전의 한가운데에 있으며, 미국인들은 정보시스템들을 통해 자신들의 유럽 해상로를 보호할 필요가 있다)을 전개했다.

이러한 관점에서 정의된 정보는 새로운 생산적 과학기술의 본질이다. 물질에 관한 이 세 번째 차원의 정의는 완전히 동어반복이다. "정보는 정보다."[15] 어쨌든 동어반복이 생산적인 것은 규칙들, 통사, 그리고 이 낯선 언어기계의 기능을 보장하는 특수한 **소프트웨어** 덕분이다. 이 기계는 기초적인 정보 단위인 "비트"(2진 숫자)에 기초해 작동한다. 비트는 어쨌든 "의미"의 단위가 아니다. 비트는 두 개의 다른 값들, 보통 0과 1 중 하나를 나타낼 수 있는 단위다. 이

---

14. [옮긴이] 노버트 위너(Norbert Wiener, 1894~1964)는 미국의 수학자·전기공학자이다. 사이버네틱스(cybernetics)의 제창자로 알려져 있다.

15. 전통주의적인 (포스트뉴턴적이고 포스트갈릴레이적인) 생산 패러다임들의 동어반복적 특징에 대해서는 다음을 보라. Paolo Virno, *Convenzione e materialismo. L'unicità senza aurea*(Rome and Naples : Theoria, 1986), 37~52.

정보의 의미는 선험적으로 결정되지 않고 프로그램의 조직에, 그리고 프로그램의 조작자가 프로그램을 설정하는 방식에 의존한다.

정보 과학기술이 생산적이고 분배적인 과정들에 적용되면 고용률의 변동은 기계에 대한 투자 그리고 전통적으로 이러한 기계의 사용과 연관된 일자리 창출 간의 관계를 결정했던 논리와는 다른 논리를 따른다. 정보 과학기술이 확산되면서 일자리 창출은 문제에 직면하는데, 그 이유는 이미 살펴보았듯이 정보 과학기술이 경제 예측에서 전통적으로 사용된 지표들의 위기를 결정하기 때문이다.

한편으로, 정보 과학기술의 발달이 가속화되면서 소프트웨어 프로그램의 물리적이거나 물질적인 용기※※의 중요성은 급속도로 침식되고 있다. 새로운 소프트웨어 프로그램들이 정보 과학기술의 잠재력을 현기증이 날 정도로 확대할 때조차도 하드웨어 가격은 일정한 속도로 하락하고 있다. 이것은 고정자본(기계) 비용과 투자금융량 간의 관계에 기초한 통계학적 지표들을 파열시키기에 충분하다.

다른 한편으로, 새로운 과학기술의 활용은 결코 미리 결정되지 않는다. 새로운 컴퓨터는 단순히 월등한 집필 기계로 사용될 수도 있지만, 다양하고 매우 생산적인 응용을 위한 토대가 될 수도 있다. 모든 것은 새로운 과학기술들 "주변에서" 전개되는 조직[화] 종류에 달려 있다. 모든 것은 초등학교와 기술학교에서 이용할 수 있는 훈련 프로그램들에 달려 있으며, 노동 비용을 감축하고 동일한 고용률을 유지하려는 정치적 결정에 달려 있거나, 또는 둘 다(정규직 종업원들의 숫자를 줄이고 외부 노동자나 시간제 노동자들에 의존함으로써)에 달려 있다. 일단, 이 결정의 논리는 기회주의적이다. 어떤 경우에는 노동자들을 해고하는 것이 편리하다. 어떤 경우에는 이미지-관련 이유들로 인해 기다리는 것이 바람직할 수도 있다(오늘날 이것은 은행업무의 경우 그리고 보험사업의 경우 참이다). 그렇지만 또 어떤 경우에는 전 세계에 흩어져 있는 생산 단위들을 연결하는 네트워크에 투자하고, 그럼으로써 원산지가 아닌 해외에서 일자리를 창출하는 것이 편리하다.

투자 전략과 그것이 고용에 미친 효과들로 인한 불확실성의 한 사례가 경영학의 최신 "경향"[16]인, 이른바 리엔지니어링이다. "구조 변경"이라고도 부를 수 있는 리엔지니어링은 회사 운영 방식의 근본적인 수정을 특징으로 한다. 수직적인 조직 구조들의 와해("탈수직화")와 그러한 새로

---

16. 다음을 보라. Michael Hammer and James Champy, *Reengieering* (Paris: Dunod, 1993) and Franco Carlini "Gli stagionali dei chips: USA, alta tecnologia a bassa occupazione," *il manifesto* (April 6, 1993).

운 형태의 정보 과학기술(전문가 시스템, 비디오디스크, 통신 등등)의 일관된 응용 등이 바로 그것인데, 이것들은 이전에는 기계적인 방식으로 구조적 변형 없이 채택되었다. 리엔지니어링에 힘입어 회사 경영자들은, 과거처럼 기존의 관료적-행정적 절차들에 단순히 컴퓨터를 도입하기보다는 경영조직 자체를 다시 사유함으로써 컴퓨터를 충분히 이용할 수 있게 된다.

"리엔지니어링"이라는 용어는 정보 과학기술의 장에서 직접적으로 도출된다. 이 용어는 매사추세츠 공과대학의 컴퓨터학부 교수인 마이클 해머가 창안한 것이다. 해머는 기업의 효율성을 높이기 위한 컴퓨터 사용법을 고객들에게 가르치는 중에 이 용어를 만들 생각을 했다. 기업 경영에 활용된 오래된 소프트웨어 프로그램들은 더 새롭고 강력한 컴퓨터들에 적합하도록 제거되고 재구축될 필요가 있었다. 그러한 과제는 1970년대 이후 누구나 컴퓨터를 하나씩 구입했을 때 더욱더 시급한 일이 되었지만, 효율적인 측면에서는 대단한 수익을 얻지 못했다. 많은 경우, 실상은 정반대였다. 추가적인 노동자들(컴퓨터 전문가들)이 고용되어야 했다. 새로운 비용이 발생했다. 풍요의 시대에는 유지 가능한 비용이지만, 결핍의 시대에는 아니었던 것이다.

사람들은 오래된 소프트웨어 프로그램들이 특정 절차

들을 노동 조직 전체와 결합했음을(예컨대 이것들은 작업 공정의 과도한 분할을 특징으로 한다), 그리고 이것이 바로 비효율성의 원인임을 금방 깨달았다. 그리하여 조직을 다시 사고하려는 열망이 일어났다. 어떤 경우에 이것은 기업의 간단한 "구조조정", 즉 해고를 의미했다. 다른 경우에, 위험하거나 쓸모없는 일자리들을 제거하고 예전의 독특한 기능들을 회복한 독창적인 형태의 실험과 혁신(예를 들어, 엔지니어와 마케팅 전문가 사이의 경계 허물기)이 일어났다.

"리엔지니어링이 기업들을 효율적으로 만들고 노동자들을 내쫓는다."라는 제목을 단 『월스트리트저널』은 앞으로 수백만의 일자리가 사라질 것이라고 덧붙였다. 앤더슨 컨설팅의 존 스케릿에 따르면, 이것은 가까운 미래에 사회 문제가 될 수도 있다. 역설적이게도, 한때 근대성과 효율성의 동의어였던 컴퓨터는 그 기계적이고 우둔한 활용 탓에 비효율적이 되었으며, 이것은 사람들의 삶의 질에 부정적인 영향을 끼쳤다. 이윤이 감소하기 시작하자마자, 사람들은 인원 감축을 위해 리엔지니어링 같은 기법 ─ 기업들, 그리고 또한 종종 노조들이 선견지명이 없음을 나타내는 징후 ─ 에 호소했다. 새로운 과학기술에 투자한 기업들은 컴퓨터 도입 이전에 존재했던 절차적 결함들을 맹목적으로 재생산했다. 노조들은 가능성이 있는 색다르고 더욱 바람직한 노동 형태들을 요구하는 데 실패했으며, 이제는 노동의 완전한 손실이라는 처벌을 받고 있다.

어떤 경우, 혁신 산업들을 진작시킬 목적의 재정 장려금은 의도했던 바와 반대되는 결과들을 낳는다. 사람이 아닌 자본으로 하여금 일하도록 하는 것이 더욱 편리하게 될 때, 노동자들이 컴퓨터를 생산하는 기업들과 컴퓨터를 사용하는 사람들 양자에 의해 해고되는 상황으로 귀결된다. 저임금 노동[자들]이 국경 지역에서 그러는 것처럼 쉽게 보충된다면, 기계화는 비용이 기계 비용보다 더 낮은 노동력을 광범위하게 활용하는 것("멕시코화"Mexicanization)으로 대체된다. 그리고 지난 시절에 그랬던 것처럼 이주 노동의 기술적 능력이 늘어난다면, 오늘날 실리콘밸리에서 그러하듯이 비정규직 노동자들이 차고나 과밀 아파트에서 매우 복잡한 칩들을 탑재하기 위해 모집되는 일이 발생할 수도 있다.

리엔지니어링은 단순히 여러 경영 기법들 중의 하나이며, 선형적인 방식으로 적용되는 것과는 거리가 멀다. 미국 기업의 69퍼센트, 유럽 기업의 75퍼센트가 이미 "구조 변경"을 겪고 있는 상황에서, 리엔지니어링의 주창자조차 60에서 80퍼센트의 실패율을 인정한다. 다양한 관련 요인들을 고려하는 전략의 부재로 인해, 정보 과학기술을 가장 지적으로 활용하는 것조차 완전히 비효율적이 될 위험에 놓여 있다.

새로운 과학기술들의 근본적인 특징(이것에 기초해서 투자전략 그리고 이 전략이 고용률에 미치는 효과들이 분석될 수 있다)은 경제적 가치를 결정하는 데에서 고정자본, 즉 기계의 중요성이 점차 감소된다는 것이다.

요즘엔 아무도 애플이나 아이비엠이 소유한 물질적 자산을 고려하여 이들 기업의 주식을 구매하지 않는다. 중요한 것은 한 기업이 소유하고 있는 부동산이나 기계가 아니라, 기업의 연줄contacts, 기업의 마케팅 네트워크에 존재하는 잠재력, 매출의 견고성, 경영자들의 조직 능력, 직원들의 창의력 등이다.

이것들이 이른바 "무형"intangible 자산 또는 재화, 진정한 상징들인데, 그 까닭은 우리가 이것들에 대한 통계학적이거나 금융적인 측정 도구를 가지고 있지 못하기 때문이다. 주식이 (기업 이윤의 일부인) 소유의 상징이기 때문에, 그리고 주식으로 대표되는 자본이 또한 부를 "생산할 수 있는 능력"을 위한 상징들의 체계이기 때문에, 우리는 서로를 영원히 비추는 상징들의 증식을 목격하고 있다. 앨빈 토플러의 말에 따르면, 자본은 급속히 "초기호적"super-symbolic 이 되어가고 있다.

기업의 지적 자본의 측정은 오직 기업의 초기 단계에서만 존재하지만, "신경제"에서 지식과 비물질노동의 핵심적인 역할을 이해하고 이러한 분야에서 현장 연구를 수행하고 있는 학자들의 "움직임"이 이미 존재한다. 예를 들어 은행들은 은행에 신용을 요구하는 기업들에 연관된 "무형의 가치"(소프트 자산)를 알아야 할 필요를 강력하게 느낀다. 한편 기업들은 고도로 경쟁적인 시장에서 발전 전략을 창출하기 위해 그들의 지적 자본의 가치를 계산할 수 있는 위치에 있어야 한다.[17]

자본 가치를 결정하는 데에서 고정자본의 중요성이 (이제 가까운 미래의 "가상 기업"에 대한 전반적인 문헌이 존재할 정도로) 감소함으로써 경제 가치에 대한 연구가 근거하곤 했던 범주들이 극적으로 변경된다. "유형 재화의 가치는 하룻밤 사이에 사라질 수 있다. 그렇지만 우리는 무형의 것들을 어떻게 평가할 수 있는가?" 캐나다 상업은행의 부회장인 롭 피터슨은 이러한 질문을 제기한다.

우선, 가치는 상품/서비스의 생산/출하 과정 전반에 걸쳐 추출된다.[18] 포스트포드주의 경제의 특징은 사람들이

---

17. 다음을 보라. Thomas A. Steward, "Your Company's Most Valuable Asset: Intellectual Capital," *Fortune* (October 1994), 28~33.
18. 다음을 보라. Alvin Toffler, *Powershift : Knowledge, Wealth and*

갑자기 비물질적인 재화로 자신의 욕구를 만족시키기로 결정했다는 사실에 있는 것이 아니라, 경제 영역에 관한 활동들의 통합이 점차 증가하는 데 있다. 새로운 생산 패러다임의 기본적인 전제들은 분리가 아닌 결합, 파편화가 아닌 통합의 형태들, 순차적인 국면이 아닌 실시간 동시성 등이다. 다시 말해, 생산은 공장 안에서 시작하는 것도 끝나는 것도 아니다. 따라서 경제 가치 증대의 척도인 생산성이 노동자가 사무실에 도착하기 훨씬 전에 시작된다는 것을 확인할 수 있다.

실제로, 기업의 지적 자본을 평가/측정하는 데에서 핵심적인 생각은 지식이 지적 물질임과 동시에 관계적인 물질이며, 내용임과 동시에 문화라는 사실이다. 그것은 엄청난 지표들, 즉 계몽주의 철학자들이 만든 것과 유사한 일종의 지식의 백과사전을 만드는 문제가 아니라, 분산된 지식을 추적하는, 그리고 기업들로 하여금 지식이 탄생하는 공장 내부 및 외부 모두의 "장소"들을 찾을 수 있도록 해 주는 **지도들**을 정교화하는 문제다. 그 목표는 공식들을 기억하는 사람들을 잘 지켜보고, "그들을 말하게 만드는" 과학기술들을 개발하는 것이다. 비즈니스 공학 이론가인 아리안

Violence at the Edge of the 21st Century (New York : Bantam, 1991), 80~83 [앨빈 토플러, 『권력이동』, 이규행 옮김, 한국경제신문, 1997].

워드에 따르면, "사람들은 사실의 관점에서가 아니라 이야기의 관점에서 사고한다." 이것이 우리가 ─ 브루스 채트윈이 호주 원주민에 대해 설명하면서 서술한 ─ "송라인"song lines으로 되돌아갈 수 있는 지도의 밑그림을 그리는 것이 필요한 이유다.[19] 길들, 발자국들, 비공식적 지혜의 도랑들, "지식의 고속도로", 다른 비유들과 관계있는 비유들, 점점 동질화되고 있는 시장에서 자신을 구분 짓게 하는 데 필요한 최초의 정보 조각들이 숨겨져 있는 장소들[이 송라인이다]. 세계 최초의 "지적 자본의 감독관"인 스칸디나비아 보장 및 금융 서비스의 레이프 에드빈슨[20]에 따르면, "우리의 금융 자산은 5시 이후에도 여기에 머물러 있지만, 우리의 지적 자본은 대부분 집으로 다시 돌아간다."

그러므로 생산과정 중에 발생하는 구체적인 노동 활동은 전통적인 기준으로는 측정할 수 없다. 완성된 제품의 가치를 생산요인들(노동 및/또는 투자된 자본)의 비용에 연관 짓는, 생산성에 대한 고전적인 정의는 더 이상 어떠한 조작적 의미도 지니지 못한다. 이러한 척도 기준은 통신, 서비스, 비물질적 과학기술들이 오늘날만큼 분산되지도 결정적이지도 않았던 시대에는 효과적이었다. 오늘날

---

19. [옮긴이] 브루스 채트윈, 『송라인』, 김희진 옮김, 현암사, 2012.
20. [옮긴이] 레이프 에드빈슨, 『지적 자본』, 황진우 옮김, 세종서적, 1998.

우리는 애덤 스미스의 용어를 사용하자면, 더 이상 산 노동에 외부적인 기계들의 "명령을 듣지 않고", 더욱더 정신적이고, 상징적이며, 소통적인 과학기술들의 명령을 따르는 생산자 계급인 "인지적 노동자들"의 탄생을 목격하고 있다. 산 노동에 명령을 내리고 노동자로 하여금 생산하게 만드는 새로운 고정자본, 즉 새로운 기계는 더 이상 물리적으로 식별 가능하고 특수한 처지에 놓인 도구가 아니라, 노동자 자신 내부에, 노동자의 두뇌 안에 그리고 노동자의 영혼 안에 위치하는 경향이 있다.

이것은 새로운 형태의 고정자본이 사회적이고 생생한 관계들의 네트워크에 의해, 생산과 정보가 최초로 이루어지고 뒤이어 생산과정 속에서 활성화되어 노동력에 합체되는 방식들에 의해 구성된다는 것을 의미한다. 생산양식의 점진적인 탈물질화는 포스트포드주의적인 비물질적 생산자들에 의해 구성된 계급인 "인지적 노동자들"이 구성 속에서 결합하는 사회문화적 자원들의 일종의 공간화를 수반한다. 어떠한 사회적 맥락도 산 노동과의 결합을 통해 그 산 노동을 생산적으로, 그리하여 전 세계적인 층위에서 경쟁적으로 만드는 고정자본이 될 수 있다.

실제로, 지성이라는 인적 자원이 가치의 참된 기원이지만, 기업의 자산으로 포획되어 변형되지 않는다면 이 기원은 결국 아무것도 되지 않는다. 이것은 정보 시스템 같은 지적 **구조들**의 정교화를 요구하는데, 이 구조들은 지식 채널들을 제공하고 소비자 관계를 위한 매체를 만들어낸다. 이러한 시스템들은 "지도 제작법"의 재생산을 위한, 서로 다른 종류의 정보 간의 상호작용을 위한 토대다. 미시간 대학교의 교수인 데이브 울리히가 개발한 정식에 따르면, "학습 능력은 g 곱하기 g와 같다." 즉 학습 능력은 새로운 아이디어들을 만들어 낼 수 있는 기업의 능력과 같으며, 그러한 아이디어들을 일반화할 수 있는 기업의 능력에 의해 배가된다.

생산성은 시간당 생산된 재화의 양에 기초해서는 측정될 수 없을뿐더러 특수한 기업이나 경제 부문에 대한 참고에 의해서 결정될 수도 없다. 그 대신, 측정되는 것은 1인 노동자를 초월하고 그로 하여금 **공동체의 일원**이 되어 부를 창조할 수 있도록 해 주는 사회적이고 지역적인 공간을 특징짓는 다양한 요인들이다. 그러므로 (사람들이 무형 자산의 가치를 측정하는 최선의 방법을 연구하고 있는) 바로 그 기업들이 추가적인 발전에 본질적인 인턴 제도를 금지해 왔다는 것은 역설적인 일이 아니다. 그것은 이익을 수량화하기 어려운 (막대한) 비용의 문제일 뿐만 아니라, 더욱더 **비공식적인** 방식으로 작용하는, 새로운 보급/축적 전략의 문제이기도 하다. 종업원들은 원하기만 하면 필기된 문헌을 연구할 수도 있고, 동료들의 자문을 구할 수도 있으며, 또는 강좌를 들을 수도 있다. 기업에 진정으로 중요한 것은 기업의 인적 자본의 개발을 평가하는 것이지, 훈련 강좌에 지출된 돈의 양이 아니다. 실질적인 평가는 개발된 지적 자본의 "사회적 확인[비준]"social validation에, 즉 판매고로 해석될 수 있는 소비자 만족의 정도에 존재한다. 흔한 일이긴 하지만, 생산과정에서 활성화되는 인적 자원이 화폐화되고 그리하여 측정되는 것은 바로 이 판매의 순간이다. 탁월한 추상 가치인 화폐는 인적 자본의 가치를 재가하고, "그것을 하나의 상품으로 환원시키고", 그것의 시장 부적절성을 밝히며, 생산을 시장의 요구에 더 잘 적응시키기 위해 어디에 어떻게 개입할지에 대한 ― 재고 데이터에 필적하는 ― 정보를 제공한다.

결과적으로, 격렬한 국제 경쟁에 대응하기 위해 직접적인 보상이나 사회적인 편익(비직접적인 보상)을 축소하고자 하는 결정들과 같은 순수하게 기업 위주의 셈법으로 만들어진 투자 결정들은 기업을 "부메랑 효과"에 노출시킬 위험에 빠뜨린다. 기업은 단기간에는 이익을 볼 수 있지만, 중기간 그리고 장기간에는 그와 같은 결정들은 기업이 각인되어 있는, 그리고 기업의 생산역량의 바로 그 토대에 놓여 있는 사회문화적 맥락의 파괴에 기여한다. 오늘날에도 여전히 흔한 회계 방법들은 기업 소유의 "소매 거래"brick and mortar를 자본 자산으로 취급하지만, 지적 자본을 지출로 고려하기를 거부한다![21]

투자 장려를 위해 단체들이 정교화한 투자 전략과 장려금은 점점 "사회문화적 기계"의 성장, 즉 산 노동과 접촉하게 될 때 부를 생산할 수 있는 주체-형성적 "인지 자본"의 성장에 기초를 둔다. 기업이 단지 선진적인 과학기술들에 투자하기 때문에 혁신적인 것이 아니라는 점 역시 확실하다. 과학기술 그 자체도, 또는 "가장 최신의" 경영 모형들조차도 지역적이거나 국지적인 발달을 보장할 수 없다. 진정으로 사회적 장려금을 받을 만한 유일한 혁신들은, 자기들이 선호하는 발달 양식들에 따라 각각의 특수한 기업이 활용하는 사회적 인지 자본의 발달을 촉진하는 혁신들이다.

4. 해석의 공간들

가치 척도의 위기는 분명, 1970년대 말부터 계속해서 기

---

21. 다음의 중요한 연구, 특히 4장을 참조하라. Charles Goldfinger, *L'Utile et le Futile : L'économie de l'immatériel* (Paris : Odile Jacob, 1994).

업 층위에서 채택된 보상 정책들 중에서 특정 선택들을 설명하거나 정당화하기 위해 제안된 다양한 보상 이론들 내부에 파문을 불러일으켰음에 틀림없었다. 포스트포드주의가 점차 확산되면서 보상에 대한 이해방식에 완전한 반전이 일어났다. 보상은 더 이상 특수한 법칙(수요와 공급의 법칙)의 적용에 의해 결정되는 노동력의 가격으로 이해되는 것이 아니라, 일단의 **법칙들**과 관계되는 해석 행위의 결과로 이해된다. 이러한 근본적인 시각의 변화는 오늘날 대부분의 경제 문제들이 다루어지는 새로운 방식에 각인된다. 경제 이론의 무게 중심은 시장에서 기업으로 이동되었다. 어떤 것도 예측할 수 없다는 것, 즉 포스트포드주의의 특징인 휘발성은 무한한 합리성이라는 전통적인 모형들을 문제 삼았으며, 이로 인해 우리는 합리적 계산(한정된 합리성)의 **제한된** 장들을 규정할 수밖에 없게 되었다.

미국의 경제학자이자 하버드 대학 교수인 리처드 프리먼의 지휘 아래 국민경제연구소가 실시한 집단 연구 프로젝트 "상이한 법칙들 아래에서 노동하기"는 북미(미국과 캐나다), 유럽, 일본의 비교 연구를 통해 노동시장 동학에서 법칙들과 제도들이 차지하는 결정적인 역할을 강조했다. 이 연구의 결론은 다음과 같이 요약될 수 있다.

1. 1980년대 동안 모든 곳에서 보상에서의 모순이 늘어났지만, 유독 미국에서만 우리는, 특히 미숙련 노동 영역에서의 "실질" 임금의 꾸준한 하락을 목격하고 있다. 미국에서 일자리 창출은 유럽과 일본보다 상당히 높은 빈곤율에 의해 가능했었다.

2. 기업 수준(노동자 위원회)이나 특수한 경제 영역들에서의 노동자 대표제는 미국에서 급격하게 약해졌지만, 독일과 캐나다 같은 나라들에서, 노동자 위원회들은 단체교섭의 위기와 노조 권력의 뚜렷한 쇠퇴를 특징으로 하는 시기에조차 저항할 수 있는 "탄력적인" 제도들임이 입증되었다(비록 캐나다에서 이 위원회들이 의료보험 및 노동안전과 같은 논점들에만 관심을 두었지만 말이다).

3. 미국에서 종업원들은 유럽과 일본에 비해 기업 내 직업훈련에 접근할 권한을 적게 가지고 있다. 미국에서는 **경험학습**learning by doing을 선호한다. 이러한 전략은 단기적인 생산성은 증대할 수 있지만, 장기적으로는 부적절하다.

4. 보상 피라미드에서, 하층 계급 미국 노동자들의 생활수준은 동일한 수준의 유럽 및 일본 노동자들보다 훨씬 낮다. 사회보장 네트워크는 미국 인구의 하층에게 충분한 소득을 제공하지 않는다. 다른 경제 선진국들에 비해 미국 빈곤율의 증대는 1970년대 말과 1980년대 초 사이에

일어났다.

5. 미국 및 기타 선진국들에 전형적인 상이한 동학은, 임금 결정에 개입하고 훈련의 질에 영향을 미칠 수 있는 노동기구들의 역량에서 나타나는 변수들까지 거슬러 올라갈 수 있다. 적절한 수준의 훈련을 보장하는 데에서 국가가 차지하는 역할은 미국을 제외한 모든 나라에서 본질적인 것으로 입증되었다.

6. 다양한 나라들의 비교 검토를 통해 우리는 노동 **입법**의 적절한 뒷받침을 받을 때에만 기업 수준에서의 효과적인 노동 대표제가 가능하다는 것을 알 수 있다.

7. 시장경제가 만들어 낸 총보상gross compensation에서의 불평등을 줄이려면, 즉 이용가능한 이윤의 분배를 개선하려면 복지국가의 보존이 핵심적이다. 이러한 개선에는 언제나 재정적인 관점에서건 적자의 관점에서건 비용이 공동체가치 다음에 놓인다.

8. 사회적 개입은 고용 시장의 기능에 일정한 영향을 미친다. 특히 재분배 척도들이 직접적으로건 간접적으로건 노동자들을 노동의 세계 안에 재통합하기 위해 설계된 정책들과 관련될 때 그렇다.

9. 교육과 훈련의 다양한 수준에서 나타나는 불평등은 소득 분배 불평등의 악화에 상당히 기여한다. 유자격qualified

노동력의 공급 증대를 목표로 하는 정책들은 재훈련을 통해 소득을 증대하기 위한 적극적인 과정들을 개시한다.

10. 자격을 덜 갖춘 less qualified 노동 부문에 대해 적절한 소득을 보장해 주는 것은 장기 실업자들의 취직 기회를 보호하는 데 도움을 준다. 미국은 이 소득이 가장 낮지만, 실업률 또한 낮은 편이다.

11. 1980년대의 미국식 "모형" 사례를 따름으로써 자국의 인력 시장을 더욱 유연하게 만들려고 했던 유럽 나라들(주로 영국)은 어떤 특별한 방법으로도 실업을 극복할 수 없었다.

이 지점에서, 유럽과 일본의 사회 시스템의 "미덕" — 미국이 "일자리 창출/궁핍화"라는 악순환에서 벗어나기 위해서 채택해야 한다고 연구자들이 결론을 내리는 것 — 이 포스트포드주의적인 경제 체제 그리고 강력하게 세계화되고 있는 경제 체제 아래에서 실제로 살아남을 수 있는가 하는 질문이 제기될 필요가 있다.

모든 유럽 나라들에서, 1990년대 초반의 경기후퇴는 미국식의 규제 철폐를 부과하는 데 활용되었다. 시장 변동에 실시간으로 대응하기 위해 고용을 더욱 유연하게 만드는 전략이, 임금을 하락시키고 특정한 노동 생산성을 증대하기 위해 채택된다. 유럽 복지국가들은 소득 대체 비용(특히 실업수당의 비용)을 포함해 주길 원하는 기업가 계급에게 시달림을 받는데, 이 복지국가들은 생존소득을 보장할 목적으로 사회적 개입의 방향을 수정할 수 있을 뿐이다. 설령 이것이 프랑스에서 일어났던 것과 같은 사회적 움직임[22]에 의해 가능할 수 있을 뿐이라 해도 말이다. 더욱이, 개인 서비스와 관련된 소통적이고 관계적인 활동들이 사회문화적 관점에서 정당화될 때에만 구조적 실업에 반대하는 투쟁이 가능하다.

직접적인 보상[수당]과 간접적인 보상[수당]의 관계의 관점에서 볼 때, 인력 시장의 규제 철폐는 연금, 상해 보험, 실업 수당 등을 위한 생산성 이득 회복이라는 논점을 전면화한다. 맥킨지 컨설턴트가 독일에서 실시한 연구에 따르면, 노동 비용을 줄이고 장기 실업 없는 사회 프로그램들의 재정 압박을 줄이는 것은 상당한 시간제 노동 확대를 필요로 한다.[23]

맥킨지의 분석에 따르면, 보다 유연한 생산형태와 생산

---

22. [옮긴이] 1990년대 초반 정부의 최저임금 삭감에 항의하며 프랑스 주요 도시에서 일어난 학생들의 시위와 그것의 사회적 확산을 가리키는 것으로 보인다.
23. 맥킨지 뮌헨 지부 국장인 헬무트 하크만이 수행한 연구의 요약문은 『월스트리트저널』 1994년 10월 27일자에 실려 있다.

성 이득을 모두 성취하기 위해서는 활동 중인 노동자들(전체 노동인구의 약 60퍼센트)의 증가 수치에 맞춰 노동시간을 단축하는 것이 필요하다. 연구는 개인 산출량output의 증가, 수요 변동에 대한 보다 탄력적인 운영, 기업들의 경영기간의 연장 덕분에 노동시간이 단축되면 노동 생산성이 3내지 20퍼센트 포인트 증가할 수 있다는 것을 보여준다. 노동 생산성은 노동에 대한 높은 동기 부여 그리고 스트레스및 결근의 감소 결과로 늘어날 수도 있다.

시간제 노동을 일반화하려는 전략에서는 생산성 이득의 전이가 결정적이다. 맥킨지는 노동시간을 25퍼센트 단축하는 것이, 특히 저임금 노동자들의 경우에, 급료를 15퍼센트 이상 인하하는 것을 의미해서는 안 된다고 평가한다. 왜냐하면 저임금 노동자들에게는 국가가 생존을 위한 최소치를 보장해 주는 것이 근본적이기 때문이다. 더욱이 이러한 모형이 효과적이기 위해서는 정규직으로의 복귀 가능성이 보장되어야 하고, 노동시간을 단축하는 선택이 기업이 노동인구를 감축하고자 할 때 해고당할 위험성을 높여서는 안 된다.

맥킨지가 제안한 모형에 대해 어떤 생각을 하건, 유연성, 생산성, 노동 비용 감축을 결합하는 것은 노동시간의단축을 필요로 한다는 점을 강조하는 것이 중요하다. 게다가, 노동시간의 단축에 비례하지 않는 임금 인하의 보장은 기업, 종업원, 복지국가 등이 제정하는 규칙들이라는 개념을 도입한다. 저임금에 대한 저항에 **아웃소싱**outsourcing으로 대응하는 상황을 피하고자 한다면, 이 규칙들은 하청의 세계에서 살아가는 주체들을 포함할 필요가 있는 규칙들이다. 이러한 주체들이 배제된다면, 규칙들에 대한 해석은 처음부터 불완전하게 될 것이다.

규칙들과 그에 대한 해석은 사실 가장 최근의 소득 이론들을 특징짓는 두 가지 용어들이다.[24] 총소득, 생산율, 고용보장 등을 계산하는 데 활용되는 변수들의 결정을 유도하는 국지적이고 일반적인 규칙들에 대한 해석을 기술할 때, 이 이론들은 "인지 부조화" 개념의 중심성을 입증한다. 규칙들이 올바르게 해석되기 위해서는 이러한 규칙들이 모든 관련 당사자들에 의해 해석될 수 있는 공간들을 규정하는 것이 필요하다. 하나의 규칙이 그것이 적용되는 한에서 존재할 뿐이라는 점이 사실이라면, 규칙의 적용이 해석을 — 그리하여, 규칙의 정의에 참여하는 복수의 주체들이 자신들의 특수한 정체성을 규정하는 지식을 표현할 수 있는 가

---

24. 이 이론들에 대한 요약은 다음 저작들에서 찾아볼 수 있다. Bénédicte Reynaud, *Le Salaire, la règle et le marché* (Paris : Christian Bourgois, 1992), 그리고 *Les Théories du salaire* (Paris : La Découverte, 1994).

능성을 — 필요로 한다는 점 역시 사실이다.

다시 말해, 고용 시장의 규제 철폐는, 노동력에 대해 미국식의 부정적인 결과들을 피하고자 할 때 절대적으로 중요한 협상을 위한 공간으로 이해되는, 해석의 공간이라는 개념을 환기한다. 그렇게 규정된다면, 보상은 집단적 지식, 즉 제출된 규칙들을 해석할 수 있기 위해 협상 주체들이 명백하게 만들 필요가 있는 지식을 분배하기 위한 메커니즘이 된다.

해석을 위한 공간들을 열어젖히려는 이러한 경향의 특징은 어떤 특정한 사태 전개를 피하려고 한다는 데 있다. 그것은 경제의 언어학적 전환이 임금협상의 공간들과 양태들에 대한 매우 결정적인 재규정을 동반하지 않는 사태 전개다. 도구적이고 소통적인 행위가 상품과 서비스 생산의 장에서 일어난다면, 그것은 사회관계들이 재생산되는 공간, 지식과 소득이 분배되는 공간에서도 일어나야 한다.

3장

국가와 시장

1. 클린터니즘의 한계

빌 클린턴이 미국 대통령으로 당선되기 1년도 더 전인 1991년, 경제학자 로버트 라이시는 『국가의 일』[1]을 출간했다. 이 책은 나중에 **클린터노믹스** ─ 즉 12년간의 신자유주의 정책 이후 포드주의에서 포스트포드주의로의 이행 프로그램 ─ 로 규정될 어떤 것에 결정적인 정치-경제적 기여를 할 수 있었다. 새로운 행정부의 노동장관으로 라이시를 임명한 것은 클린턴의 전략들을 정교화하는 데 라이시의 테제들이 안고 있는 무게를 입증해 준다.

라이시의 전체 분석에서 결정적인 것은 포스스포드주의 시대에서 차지하는 비물질노동의 역할이다. 비물질노동은 전지구적 무대에서 회복된 미국 권력의 토대로 기능하며, 1980년대 중에 붕괴된 중산 계급을 대체할 수 있는 정치적·사회적 카스트의 재구축을 위한 역할을 맡는다. 중산 계급은 1992년 선거에서 로스 페로가 20퍼센트에 가까운 표를 획득할 수 있도록 해 준 바로 그, 분노에 차 있는 무시무시한 계급이었다.

---

1. [옮긴이] Robert B. Reich, *The Work of Nations : Preparing Ourselves for 21st Century Capitalism*(Vintage, 1992) [로버트 비 라이시, 『국가의 일』, 남경우 외 옮김, 까치, 1994].

라이시의 표현을 빌리자면, "상징들의 조작"으로 이루어져 있는 활동인 비물질노동은 오직 클린터니즘의 한 측면을 나타낼 뿐이다. 마찬가지로 중요한 또 다른 측면은 복지국가를 재규정하는 것이다. 복지 국가란 의료 및 사회 프로그램들의 비용에 주의하면서 포스트포드주의적 성장을 이루어내는 방법을 알 필요가 있는 사회 국가를 말한다. 의료 시스템이 60퍼센트 민영인 미국은 70에서 80퍼센트가 공영 시스템인 나라들보다 [의료 비용을] 두 배 지출한다. 실제로, 미국인들은 프랑스에 사는 사람들이 지불하는 것보다 1인당 [의료 비용을] 세 배나 많이 지출한다. 그리고 그들이 결과적으로 보여준 것은 3백 50만 명의 사람들을 고려하지 않는 비효율적이고 불공정한 시스템이다. 미국 의료 시스템의 공공 모형으로의 변형은 의약품 가격, 의사 수당, 병원비용 등의 직접적인 인하를 수반할 것이다. 미국에서 이 세 영역의 가격은 기록적인 수준에 도달해 있다. 이 때문에 힐러리 클린턴이 주도한 개혁 방안을 수용하는 것은 매우 불확실하게 될 것이며, 그 범위는 줄어들고 시간이 지나면서 희석될 것이다.[2]

---

2. [옮긴이] 예의 영역본에서 쥬세피나 메치아는 마라찌의 회의론이 사건들을 통해 충분히 입증되었다고 언급한다. 힐러리 클린턴의 방안이 결코 의회를 설득하지 못했으며, 16년 뒤 경제적·정치적 압력들이 오바마의 개혁

클린터니즘은 또 자기자신이, 공화당원보다는 페로의 지지자들의 물결에 훨씬 더 반대한다고 규정했다. 로스 페로에 따르면, 미국의 중대한 이슈는 연방 예산이지 미국 도시의 몰락이나 수백만 미국인들의 빈곤이 아니다. 사실 클린턴이 선거에서 승리한 것은 페로가 퇴직자가 거주하는 교외 그리고 그곳에 터를 잡고 있는 첨단 기업들의 종업원들의 표를 부시에게서 빼앗았기 때문이었다. 클린턴 단독으로는 1988년 듀카키스가 얻었던 것보다 3퍼센트 낮은 여론을 이끌어 냈을 뿐이다. 페로의 지지자들은, 특히 도시 지역에서의, 세금 인하와 공공 지출 축소를 선호한다. LA 폭동 때 레이건주의의 실제 결과들을 전 세계에 드러내 보여주었던, 불황의 늪에 빠진 도심은, 서비스 부문에 고용되어 있으면서 교외에 거주하고 있는 백인 인구(교외의 다수자들), 그리고 이미 고용 위기로 시달리고 있는 백인 주민에게 사활을 걸고 있었던 민주당에게는 관심사가 아니었다.

이와 같이 분산된 시각들이 뒤섞인 가운데 출현하는 정치-제도적 기하학은, 교외로 향하는 사업들과 기업들의 이동이 야기한 **공간적 격리**spatial apartheid를 악화시킬 수도 있다. 지난 10년간, 미국의 도심지들은 일자리의 30퍼센

방안들을 심각하게 훼손하며, 점차 파기나 마찬가지인 누더기 개혁으로 귀결되었다고 평가한다.

트를 잃은 반면, 교외의 일자리는 25퍼센트 늘어났다. 도시 공간들의 인종적 분리는 소득 수준을 극적으로 양극화시켰다. 1980년에 도시 지역 개인 소득이 교외 개인 소득의 90퍼센트였다면, 1990년에는 겨우 59퍼센트에 불과했다. 민주당 정부는 "페로주의적" 전선[방향]에 저항하기 위해, 백인 소유의 건설 회사들이 그러하듯 교외에 기반을 두고 있는 페로의 유권자들에게 혜택이 돌아갈, 매우 비싼 철도 시스템, 광섬유 네트워크, 주간州間 고속도로를 구축하는 데 공공 투자를 충당할 수밖에 없었다.

클린턴의 강령들은 일반적으로, 마치 우리가 "케인스의 귀환"(그리고 케네디의 귀환)을 다루고 있었던 것처럼, 지난 20년간의 사회적, 민족적, 지역적 해체에 대한 고려 없이, 경제적 관점에서 해석되어 왔다. 그러나 우리는 레이건의 정책들이 낳은, 그리고 로스 페로가 자신의 대중주의적 성전聖戰에서 어느 정도 보여준, 미국 사회의 사회정치적 개편을 무시할 수 없다. 도심에서는 소수자들이, 교외에서는 주로 백인 중산 계급이 우위를 점하는 상황에서 표票의 공간적 분포는 공공 정부로 하여금 공적 자금의 분포를 선택적으로 할당할 수밖에 없도록 만든다. 적자 감축을 강조하는 "페로 효과"는 사실 클린터니즘의 경제 분석을 완전히 불필요한 것으로 만든다. 케인스주의적인 국가 개입 이상으로 우리는 경제적·정치적 공학의 한 형태 — 즉 미국 전역을 가로지르는 다양한 갈등들의 억제를 목적으로 하는 조처들의 꼭 일관적이지만은 않은 배열 — 를 목격하고 있다.

그렇지만, 금융 그리고 부채로 인한 소비가 지배한 10년이 지나고 나서 산업 정책들이 빌 클린턴과 그의 팀에 힘입어 중심성을 회복하는 것은 확실하다. 기업의 결정적 역할은 주로 노벨상을 수상한 경제학자 로널드 코스와 그 이후의 폴 로머와 로버트 라이시가 제안한 **내생적 발전** 이론에 근거하고 있다. 이 이론에 따르면, 경제 행위자들 간의 상호작용이 반드시 시장을 통해 이루어지는 것은 아니다. 시장 거래에 포함되지 않은 **추가적인** 비용과 이득을 구성하는 — (교육처럼) 긍정적이거나 (환경의 질적 저하처럼) 부정적인 — **외부성들**이 존재한다. 궁극적으로 이러한 외부성들을 규제하는 것에 책임이 있는 것은 집단성으로서, 이것이 국가 개입을 정당화한다. 왜냐하면 국가만이 집단적 우선순위를 고려할 수 있기 때문이다. 다시 말해 공적 개입이 정당화되는 이유는 전체 민간의 발의가 이루어 놓은 자발적 균형이 최적의 집단적인 평형을 만들어내진 못하기 때문이다.

1980년대의 무모한 규제 철폐 정책들이 야기한 환경 재앙들이 이러한 경제 이론의 역사적 맥락이라는 점은 의심의 여지가 없다. 시장의 "보이지 않는 손"은 실제로 해양과 항공에서의 비극들에서, 뿐만 아니라 산림 벌채와 수질 오염 등에서 완벽하게 인식할 수 있다. 이것들이 시장 실패의 구체적인 징후들이지만, 역설적이게도 이것들은 시장 단독으로 통제할 수 없는 것을 "시장화"하려는 시도라고 불렸다. 우리는 [환경자원의] 과도한 사용을 막거나 또는 그와 대칭적으로 그것들의 책임 있는 활용을 장려하기 위해 환경자원을 사용하는 것에 ("재산권"으로서) 정가표를 붙이고 있다.

환경 문제를 넘어, 이들 미국의 경제학자들의 테제들은 소득 분배와 교육의 불평등에 대한 분석에 의해 강화되어 왔다. 폴 로머 같은 "도시 경제학자들"의 연구에 따르면, 레이건 시대로부터 내려오는 빈부의 양극화는 실제로 경제성장과 반대로 작동하고 있다. 이것은 사회적 통념의 중대한 반전이다. 이 통념에 따르면 신속하고 방해받지 않은 경제성장만이 소득분배 개선을 위한 조건들을 창출할 수 있으며, 그리하여 불평등을 감소시킬 수 있다. 최근까지 사람들은 불평등이 저성장의 원인이 아니라 결과라고 생각하는 것 같다.

실제로 모든 것은 1990년대 초반을 특징짓는 저성장의 기원이 빈부의 극단적인 불균형 속에서 발견될 수 있다고 우리에게 말해주는 것처럼 보인다. 일종의 "도미노 효과"

속에서, 이 불균형은 시장경제의 기능에 바람직하다고 여겨지는 것에 위배되는 행위들(실업자들과 학생들의 의욕 상실, 도심의 원천 소득의 결핍을 해결하기 위한 한 가지 방법인 마약 거래)을 조장했다.

클린턴 행정부 입장에서, 그들이 새로운 과학기술들의 발달을 뒷받침하는 기반시설들의 발달에 자원들을 전략적으로 투자했다는 점을 고려하면, 경제성장의 관점에 의한 규제 철폐가 아무런 효과를 얻지 못한 것은 더더욱 놀라운 일이다. 사회 불평등으로 야기된 전문 교육의 저하 그리고 사회문화적 환경을 보호하고자 하는 규정들의 결핍은 전지구적 영역에서 미국을 다시 부각시키려는 모든 프로그램을 위협한다. 사실, 많은 양의 돈을 교육에 투자해도 어떤 의미심장한 결과들을 얻지 못할 수도 있다. 소득과 기회의 불균형이 남아 있거나 악화된다면 말이다.

미국의 경제학자 제임스 오코너는 레이건주의의 성공과 실패의 기원에 토지가 존재했다고 말했다.[3] 토지와 노동력은, 임금 비용이 낮은 나라들로 산업이 이주하는 것을 특징으로 하는 점점 세계화하는 경제 속에서 **국내에 머물러 있는** 재화들이다. 레이건 시대에 토지는 매우 중요한 부

---

3. 『일 마니페스토』 1992년 7월 2일, 5일, 9일자에 실린 세 편의 기사를 참고하라.

동산 및 금융 투기의 대상이자 재정 거래^{fiscal deals}의 대상
이었다. 무엇보다도 토지는 저임금 및 무노조 일자리를 창
출하는, 모든 종류의 서비스를 위한 성장의 "장소"였다(76
퍼센트의 일자리가 서비스 관련 직종이었으며, 42퍼센트의
일자리는 저임금이었다). 오코너에 따르면, 레이건과 조지
부시 대통령 시절에 부동산 거래에서 파생한 지대는 급료
와 이윤보다 훨씬 중요한 것이 되었다.

이 문맥에서 우리는 더 이상 산업정책에 대해서가 아니
라 **토지의 정치경제학**에 대해 이야기하고 있는 것이다. 이것
들은 산업과 토지의 상호의존성을 가치화하는^{valorizing} 정
책들이다. 클린턴 행정부의 배경막으로 기능하는 "산업적
케인스주의"에서, 서비스 부문은 가장 선진적인 산업들에
이익이 되도록 평가 절하된다. 이렇게 되면 서비스 부문에
전형적인 경제적 착취로 야기된 사회적, 민족적, 인종적 불
균형들에 구조적으로 개입하는 것은 불가능해진다. 다시
말해, 기업의 중심성 이면에 로버트 라이시가 분석한 "비물
질노동"이 존재하는 것이 사실이라면, 이러한 종류의 노동
을 지역적으로 또는 공간적으로 조직하는 방법에 대한 명
확한 시각 또한 존재하지 않는다는 점 역시 사실이다. 국가
는 개별 투자와 집단적 생산성 사이에 존재하는 시너지들
과 내생적 발전을 관리하는 과제를 부여받지만, 이것은 비

물질노동을 영토화하는 것에 의해서 수행될 수 있을 뿐이다. 이러한 이행은 산업이 더욱더 서비스 제공자로 기능하는 그리고 역으로 서비스 제공자가 산업으로 기능하는 경제에서 산업과 서비스 부문의 융합으로 인해 불가피한 것으로 된다. 두 극들 중 어느 한 극을 위험에 빠뜨리지 않고 다른 한 극을 지원하는 것은 불가능하다. 과학기술 산업들과 그 산업들을 둘러싸고 있는 사회적·문화적 자원들은 서로를 먹이로 한다. 이것이 클린터니즘의 핵심적인 아포리아다.

이미 라이시의 연구에서, 1차, 2차, 3차 생산이라는 고전경제학 범주들에 대한 완전히 합리적인 비판이 새로운 오류 삼부작 ― 반복적인 (테일러화된) 노동, 서비스 노동, 그리고 (상징들의 생산자들에 대한) 비물질노동 ― 을 만들어내는 것으로 귀결되는 한, 포스트포드주의의 경제 패러다임이 어떻게 일정한 "사회학적 환원주의"의 희생물이 되었는지는 명확하게 드러났다. 라이시에 따르면, 한 국가에 진정으로 중요한 것은 비물질노동의 열매들 ― 과학적이고 과학기술적인 연구, 노동력에 대한 교육, 경영기법의 개선, 새로운 통신 과학기술들, 디지털화된 금융 네트워크들 ― 이다. 지적 노동들의 세계에서 우리는 다음과 같은 사람들을 발견한다. 연구자, 엔지니어, 프로그래머, 변호사, 창의적인 회계사, 경영 컨설턴트, 재정 고문, 광고인, 출판가, 저널리스트, 대학교수 등이 그들이다. 이 "카스트"는, 노동력이 덜 비싼 나라들에서 수행될 수 있는 모든 테일러주의적인 (반복적이고 응용적인) 활동들이 누렸던 특권의 상실을 가속화할 것이 분명하다. 다른 한편, 사람들에 대한 서비스들은, 점점 서비스 부문 원조에 의존하는 고령화 사회에서 [여전히] 중요하지만, 재정적으로는 보상받지는 못할 것이다. 라이시의 관점에서 볼 때 그것들은 창의적인 활동이 아니기 때문이다.

라이시 이론들의 요점은 다음과 같다. 경제적 세계화로 인해, 생산수단의 국가적 구성의 관점에서 자본 소유에 대해 이야기하는 것은 불가능하게 된다. 예를 들어, 포드 자동차는 지구 전역에 분산되고 능률과 생산적인 소통이 중요한 전지구적인 그물 내부에서 발명된, 부분적이고 결합된 활동들의 결과물이다. 이 과정의 결과물인 자동차는 다국적 자본에 기초하여 서로 다른 나라들에서 생산된 부분들의 합성물이다.

다른 한편, 자본(예컨대, 생산수단이나 불변자본) 소유의 탈국가화 때문에 손실되는 것은, 지식 생산에 대한 통제인 비물질노동의 소유에 의해 회복된다. 물리적-물질적 자본의 탈국가화는 지식의 국가화 그리고 지식 조직에 대한 명령과 대조된다. 이제 "국산품 애용"buying American은

"미국 지식을 평가하는 것"을 의미할 것이다. 계속해서 라이시에 따르면, 국민의식은 가장 가치 있는 활동들 ― 즉 포스트포드주의 생산양식을 빛나게 하는 비물질적인 활동들 ― 에 전략적으로 투자할 때 회복된다. 그러므로 (현재 신흥 국가들과 경쟁하고 있는) 비전문적인 미국의 노동력의 실업을 보상하기 위한, 그리고 전지구적 경제에서 미국의 입지를 하락시키지 않으면서 전문가들과 노동 빈민 사이의 소득 격차를 줄이기 위한 한 가지 방법으로서, 비물질적인 활동들을 통해 생긴 소득을 국가화할 필요가 있다. 미국의 자부심은 응집제로 작용해야 한다. 생산성으로 생산된 부의 증대 그리고 다른 나라들을 압도하는 고등 능력들은 비적격non-qualified 미국 인구의 생활조건의 악화를 해결할 수 있는 재정 수단들을 제공해 줄 것이다.

이러한 추론의 잘못은 사회적 지위에 의해 부과된 가치에 기초해 특정 **계층**을 경제적·정치적 **지도층**으로 규정하고, 그럼으로써 포드주의 시대와 동일한 함축들, 그중에서도 고용 시장을 국가주의적으로 구조화하는 3중 구조를 유지하는 데 있다. 이러한 이유로 라이시는 비물질노동을 교외 주택지와 대학 캠퍼스의 공간들에 할당한다. 이곳들이 바로, 지난 20년간 미국 사회의 해체를 격화시킨 계급주의적 인종 **차별**의 공간들이다. 왜 비물질노동자라는 특권

계급은 제3세계적 지위의 생활로 전락한 다수의 미국인들
[의 삶]을 개선하기 위해 자신의 부를 포기하는 데 동의해
야 하는가? 이 특권계급의 정의 자체가 공간적, 문화적, 심
지어는 인종적 배제에 기초하고 있음을 고려할 때, 연대의
근원은 무엇일까? 국가주의nationalism가 그것일까? 그렇지
만 LA나 뉴욕 거주 지역에서 살고 있는 브로커, 또는 전문
적인 연구자가 왜 취리히의 외부인 출입 제한 지역에 살고
있는 그의 스위스 동료들보다 미국인을 더 동정해야 하는
가? 자본의 탈국가화는 논리적으로 비물질노동의 국가화
로 귀결될 수 없다. 따라서 미국인들이, 선진국들이 (값싼
원료들을 보유하고 있지만 전문적인 자격 있는 노동력은
갖지 못한) 신흥국가들과 관련하여 쥐고 있는 이점들을
실제로 어떻게 향유할 수 있을지 알기는 어렵다. 모든 것이
국민국가의 부활한 역할과 배치되는 것처럼 보인다. 국가
주의는 분명, 약자들, 실업자들, 비적격 미국인 노동자들,
고용 시장에서 벗어나 마약을 밀매하는 청년들, 또는 다민
족 이주자들을 보호하는 방향으로 나아가지 않는다.

우리는 포스트포드주의 체제 안에서 노동을 정의하는
것이 학구적인 문제가 아님을, 그리고 그것이 사회학자들
간의 논쟁으로 환원[축소]될 수 없다는 사실을 분명히 해
야 한다. 그것은 앞으로의 정치 전략들과 국제적인 갈등의

바로 그 근저에 있는 근본적인 논점이다.

경제적 세계화로 인해 선진국들이 비교우위에, 즉 비물질 노동자들의 고도의 자격[자질] 및 생산성과 신흥 경제들의 물질적 성장을 대립시키는 것에 주의를 집중할 수밖에 없다는 점은 사실이다.[4] 과학기술적 혁신과 신흥국들로부터의 수입품 증대의 결합이 비적격 일자리의 축소와 부유한 나라들의 소득 불균형의 확대의 근원에 자리하고 있다는 점 역시 사실이다. "궁극적으로" 이러한 이행으로 인해 부유한 나라들이 자신의 비교우위(비물질노동의 생산성)에 근거해 높은 성장률을 회복할 수 있을지, 신흥국들이 자신의 비교우위(비적격 노동력, 또는 적격하지만 낮은 비용)에 근거해 경제력을 강화할 수 있을지 우리는 알지 못한다.

이러한 맥락에서, 약한 고리는 국제적인 부채로 대표된다. 국제적인 상황에서 비물질노동은 대략 다음과 같은 방식으로 작용한다. 유명한 디자이너가, 파리나 취리히에서 디자인된 셔츠 한 벌을 베트남이나 태국에서 3달러에 구매한다. 서방에서 이 셔츠는 그 "비물질적인" 디자이너의 이름으로 45달러에 판매될 것이다. 특허, 상표, 지적 재산권

---

4. 다음을 보라. "The Global Economy," *The Economist* (October 1, 1994).

덕택에 ― 다시 말해 물질적으로 응용된 노동과 비교하여 지식이 팔리면서 얻게 되는 훨씬 더 높은 보상 덕택에 ― 부는 실제로 북北에 재분배된다. 그러나 남南은 북이 생산하도록 동의하는 재화를 북에 수출함으로써 혜택을 보지만 더 부유한 나라들의 신용에도 또한 의존해야 한다. 그것은 생산수단의 구입에 자금을 대기 위해서가 아니라(이제 점점 신흥국들에 초점을 맞추고 있는 자유로운 자본 시장들의 일이 이것이다) 노하우, 즉 북에서 생산된 재화와 서비스에 압축되어 있는 지식을 획득하기 위해서이다. 그 결과, 비물질노동의 중심성이 야기한 국제적인 부채의 악화로 인해 남南의 나라들은 계속해서 북北을 향한 이민의 원천으로 기능할 것이다. 북의 높은 수준의 발달을 통해 이루어진, 새로운 이민자들에 대한 교육 수준이 개선됨으로써 북의 기업들은 비물질적인 노동자계급 내부에서 남南을 착취할 수 있을 것이며, 매우 숙련된 불법 노동을 이용하여 북의 국가들의 시민들에게 유리한 방식으로 인종주의를 활용할 수 있을 것이다.

비물질노동에 대한 계급적 규정은 이중으로 잘못되었다. 이러한 규정은 실재적인 전지구적 동학을 고려하지 않으며, 정치적으로도 취약하다. 클린턴 행정부가 복지국가를 개혁하기 위한 기획들을 추진하는 과정에서 만난 장애물들(의료 개혁의 사례를 드는 것으로 충분할 것이다)을 고려하는 것이 오히려 진실에 부합할 것이다. 이 장애물들은 선거 기간 중에 클린턴이 전략적으로 구애를 펼친 바로 그 사회계급에 의해 세워진다. 이때 클린턴은 로스 페로에게 너무 많은 표를 잃지 않기 위해 새로운 중심을 구축하려 했다. 이 사회계급은 자신의 생계가 경제성장에 달려 있기 때문에, 그리고 또한 비물질노동의 분할과 배타성의 결과 스스로 생산적이라고 느끼고 있기 때문에 미국의 경제성장의 이윤을 균등하게 재분배하려는 어떠한 시도에도 정치적으로 반대한다. 이러한 동학의 결과는, 비물질노동의 관점에서 미국의 헤게모니적 역할을 재규정하는 것이 남/북 양극화를 자국에서 재생산하는 것으로 귀결된다는 것이다.

포스트포드주의로의 이행에는, 비적격 노동에 미친 영향들 그리고 그러한 노동에 수반되는 노동의 불안정성으로써 낡은 포드주의적 체제의 해체를 관리할 수 있는 사회 국가가 필요하다. 클린턴은 이 새로운 역할을 이해했으며, 이것으로써 그는, 바로 몇 년 전 동일한 자격을 갖춘 후보들의 기권을 야기했을 스캔들에도 불구하고 보다 진전된 미국 자본의 지지를 받을 수 있었다. 그러나 이러한 이행에 적절한 사회 국가의 구축은 사회의 가장 특권적인 부문들의 공격들에 저항할 수 있는 강력한 정치적 동맹을 필요로 한다. 이 특권층들은 민족적 소수자들과 다양한 인종의 실업자들의 생활조건들을 개선할 수 있는, 도시 내부의 기반시설들에 대한 투자와 부를 재정적으로 재분배하는 모든 형태들에 반대한다.

클린턴 행정부가 약한 전략을 수행한 까닭은 그 이론적-정치적 전제들이 취약했기 때문이었다. 특히 이들은 비물질노동자들을 하나의 사회계급으로 규정했다. 사실 비물질노동은 포스트포드주의 패러다임에 기원을 두는 공간적-영토적 차원에 기초하고 있다. "상징들, 데이터, 담론들의 증식"에 기초하는 비물질노동은 포스트포드주의 경제들의 중심에 있는 소통적-관계적 노동의 훨씬 더 다양한 장의 일부(부문)에 지나지 않는다. 소통적-관계적 노동은 생산, 분배, 재생산의 회로 전반에 걸쳐서 이루어지며, 다양한 활동들 속에 존재한다. 일부는 새롭고 일부는 낡았다. 어떤 것들은 비물질적인 반면 다른 것들은 수공업적이다. 어떤 것들은 과학기술적으로 선진적인 반면 다른 것들은 전통적이다. 어떤 것들은 언어에 기반하고 있는 반면 다른 것들은 순수하게 활동적이며 말이 없다. 이러한 활동들의 장 내부의 어떤 단일한 부문에 모든 정치적 내기를 거는 것은 모든 개혁주의적 강령platform의 성공을 심각한 위험에 빠뜨리는 것을 의미한다.

사실, 클린턴 행정부는 선거가 끝나고 2년 뒤, 도시 빈민가의 가난한 주민들에게 불리하게 제정된 억압적 조치들의 악화에 지나지 않는 범죄 반대 법안들로써 "모든 미국 지역의 안전을 개선하려" 했지만, 범죄 예방 예산은 엄청나게 삭감되었다. "공적 부조의 개혁"이라는 외관을 통해 클린턴은 가난한 사람들이 불안정한 박봉의 고용 시장으로 되돌아가도록 하기 위해, 정부로부터 원조를 받는 기간을 2년으로 줄이고 그 양을 삭감하는 데 성공했을 뿐이다.[5] 클린턴의 개혁주의는, 그것들[복지정책들]에 수반될 불가피한 정치적·사회적 위험들과 더불어, 공화당의 복지정책들과 동일한 판본처럼 보인다. 그리고 미국의 역사에서 항상 일어나는 것처럼, 내부 개혁들의 한계들은, 어떤 식으로든, 국제적인 무대에서 특유의 개입주의적 열정 속에서 "순화된다."

2. 중산 계급이라는 이념

　통치 전략들을 언급할 때 "중간에 대한 습격", "중간 극

---

5. 다음을 보라. Roselyne Pirson, "Surenchère répressive et surveillance des pauvres," *Le Monde diplomatique* (October 1994), 12.

단론", "중도주의적 동맹들"이라는 표현들은 포스트포드주의적 이행이 대략 1945년에서 1975년에 이르는 기간들의 정치적·제도적 균형을 파열시켰을 뿐만 아니라 우리의 정치적 범주들 안에 간극을 남겼다는 사실에 대한 가장 분명한 증거들이다. 우리에게는 우리의 현재를 해석하고자 할 때 혼란스러운 느낌을 일소하도록 해 줄 분석 도구들이 남아 있지 않다.

전통적인 정당들, 새로운 사회운동들, 그리고 새로운 정치적 연합들은 모두 자신들의 계획 전략들과 제도적 동맹들을 규정하는 데 있어 중대한 어려움들에 직면하는데, 그것은 주로 생산양식상의 변형 그리로 부의 분배 메커니즘들에서의 변형으로 인해 선거 기반에서 겪는 대격변 때문이다. 베를린 장벽의 붕괴가 "계급사회"에 결정적인 일격을 가한 것처럼 보였다면, 지난 몇 년 동안에 실제로 일어났던 것은 "모든 것을 할"지라도 "아무것도 가지지 못한" 생산 주체들의 총체인 "제3신분"에 대한 정치적 규정을 추구하는 일이다. 그들은 권력을 가지고 있지 않으며, 권력은 그들을 대표하지 않는다. 존 베처먼이 말한 것처럼, "이 잡식성의 요소는, 항상 그래 왔던 것처럼, 현재에도 그리고 미래에도 언제나 우리 앞에 있을 것이다. 그것은 **계급**이다."

우리가 (고용, 소득, 출생, 배우자 선택, 교육, "표현형태들" 등등의 관점에서) 그 "본체"와 "내적 구성"을 찾고 있는 그 계급은 물론 중산 계급이며, 그것 외에 다른 것은 없었을 것이다. 실제로 사회를 통치할 수 있는 바로 그 가능성이 의거하는 것은 이 계급이다. "일반적인 이해관계"가 한 사회를 교차하는 특수한 이해관계들의 평균을 나타내는 것은 분명하지만, 오늘날 이러한 중산 계급을 대표[대의]하는 것이 무엇인지는 훨씬 덜 명확하다. 대표한다는 것은 강력하게 나타낸다는 것을, 렌즈뿐만 아니라 이미지를 선택한다는 것을 의미한다. 이것은 물론 중산 계급이 사회적으로 가시적이라는 것을 나타낸다.[6]

그러나 그 어느 때보다 오늘날, 그 선거 지지층이 필사적으로 필요로 했던 중산 계급은 전통적인 기준과 사회정치적 지표들로써 쉽게 규정될 수 없다. [오히려] 정반대다. 다양한 사회과학에서 관례적으로 사용된 도구들은 모두 위기를 가리키며, 그것도 아니라면 바로 이 계급의 소멸을 나타낸다. 통계적으로 볼 때, 포드주의에서 포스트포드주의로의 이행 동안 생산과 소득 양극화의 재구조화 때문에 가장 고통을 겪었던 계급이 "사이에 있는 계급" ─ 포드주의

---

6. 다음을 보라. Mariuccia Salvati, "Ceti medi e rappresentanza politica tra storia e sociologia"[중산 계급과 역사 및 사회학에서의 정치적 대의], *Rivista di storia contemporanea*[현대 역사 저널] (1988), n. 3.

내내 그 행위와 정치적 충성을 완전히 예측 가능하게 만든 직업적이고 사회적인 안전성을 유지했던 계급 ─ 이었음은 아주 명백하다.

이 점에서, 우리가 오늘날 경제적 지표들과 관련해 가지고 있는 도구들 역시 우리에게 아무것도 설명해 주지 못하며 단지 그 자체의 불충분함을 보여줄 뿐이다. 하지만 이러한 사실이 현재의 변형이 "중산 계급"이라는 개념, "중산 계급"이라는 이미지를 이용하는 것을 막지는 못한다. 우리는 사실, 중산 계급이 사회적으로 그리고 경제적으로 **종합하기가 불가능하면** 할수록 중산 계급이 정치적으로 더욱더 많은 요구를 하며 자신의 "선동가들"과 "동맹자들"을 창출하는 데 더욱더 적극적이라고 말할 수 있을 것이다. 오늘날 중산 계급은 종합하기 어려운, "불가능한" 계급이지만, 한층 더 통제 불가능한 계급이다. 모두가 이 계급을 대표[대의하기를 원하는 이유가 이것일 수도 있다.

어쨌든, 그 기원이 아주 오래되고 그 용어가 맑스와 공상적 사회주의자 사이의, 특히 **기술적 계급 구성과 정치적 계급 구성**의 구분과 관련한, 오랜 "논쟁"을 상기시켜 주는, 중산 계급 개념에 대한 토론이 존재한다. 그때도 지금처럼 재구조화의 기술적 과정들이 새로운 직업들을 창출했고 수많은 전통적인 업무들을 제거했다. 본질적인 정치적 문제는, 이러한 과정들에서 기인한 자본과 노동 간의 관계의 종류에 대한, 점점 사회화되고 통합되는 노동에 자본이 가하는 명령에 대한, 이러한 계급 재-분절의 정치적-제도적 대의 형태에 대한 분석이었다.

우리는 모두, 영국 면직 공장의 노동자들이 "귀족들"과 "작은 주인들"의 인도를 받아 보통선거를 요구했던 사람들이라는 것을 기억한다. 1832년의 [영국] 〈선거법 개정법〉^{Reform} ^{Act}은 토리당 정부를 무너뜨린 산업 계급과 중간 수준의 장인들과 노동자들이 거둔 승리였다. 토리당 정부는 1680년 이래 그 자신의 정치 제도들을 냉각시키고, 그 제도들을 어떠한 개혁주의적 사상이나 실천에도 둔감하게 만들어 버린 영국 엘리트를 대표했다. 〈선거법 개정법〉은 산업 귀족들의 정당(휘그당)과 산업 및 농업 노동자들의 전략적 동맹의 작품이었다. 노동자들이 투표할 권리를 원했다면, 휘그당은 더 거대한 산업 및 상업 중심지들에서 공정한 의원 선출을 보장하기 위한 선거인단의 보다 공평한 분배를 요구했다.

1832년의 선거 개혁이 이루어진 것은 공장 시스템의 막을 수 없는 확산에 가장 직접적으로 위협을 느낀 사회 계급들 ― 새로운 생산 시스템 속에서 자신들의 자율성의 종말을 보았던 장인들, 도제들, 소규모 기업가들 ― 의 반정부 동원 덕분이었다. 이들은 세기 초부터 공장 시스템의 모멸적인 규칙들에 대해 가장 강력한 반발을 보여주었고 자신들의 노동이 의미를 상실해가는 것에 저항했다. 그들의 활동들은 이제 다른 방향을 향해가고 있었다. 보상과 반환의 수사학 ─ 즉 정의正義에 대한 낡은 권리와 형태를 방어하는 것 ─ 은 산업화의 도래 이전에 경험했던 자율의 기억에 근거한 새로운 형태의 공격적인 투쟁들을 낳았다. 이러한 투쟁들은 존 스튜어트 밀이 "공동체 안에서 가장 우호적이고 고결하다"고 서술한 "평민"common people(그리고 그는 자신이 평민이라고 항상 주장했다)으로 구성된 중산 계급의 형성을 촉진했다. 〈선거법 개정법〉과 관련된 봉기가 일어났을 때 브로엄 경은 중산 계급의 뛰어난 덕德 이론에 고무되었으며, 리처드 코드번은 〈반곡물법동맹〉[7]에 속한 일단의 동지들을 서술하기 위해 "중산-계급 선동가들"이라는 표현을 사용했다.

실제로, 1832년의 선거 개혁은 산업 중심지들의 주민들에게 더 많은 정치적 중요성을 부여함으로써 산업주의자들에게 정치권력의 증대를 보장해 주었지만, 이것은 이

---

7. [옮긴이] 〈반곡물법동맹〉은 1839년 영국 맨체스터에서 결성된 조직으로 당시 영국의 최고 이슈였던 곡물법의 폐지를 주장했다.

른바 **부패 선거구**[8]를 대가로, 즉 그때까지 거대 토지 소유자들의 선거 기반이었던 미발달된 지역들을 대가로 이루어진 것이었다. 정당 본연의 특성은 변형되었으며, "보수당"과 "자유당"이라는 새로운 이름을 얻었다. 양당 체제는 새로운 통신 과학기술들(철도와 증기선)에 기반한 산업화의 통제 형태가 되었으며, 이를 통해 철강 및 중장비 산업들이 전체 산업 구조를 지배함으로써 새로운 생산 및 분배 모형의 패러다임이 될 수 있었다.

이러한 정치적-산업적 정세 속에서 오늘날 우리 시대의 포스트포드주의 사회들 속에서 일어나고 있는 것과 유사한 점이 많음을 인식하는 것은 어려운 일이 아니다. 지그문트 바우만은 『계급의 기억들』에서 다음과 같이 단언하고 있다.

해당 시기를 첨예한 갈등, 변화하는 동맹들, 새로운 분할의 공고화, 그리고 전체적으로 볼 때, 가속화하는 사회 변화 등의 시대로 만든 것은 궁극적으로 (배링턴 무어의 적절한 용어를 빌리자면) 당연히 자기들의 지위가 위축되

---

8. [옮긴이] 영국에서 산업혁명 이후 인구 분포에서 큰 변화가 일어나 특정 지역의 경우 유권자가 격감하여 대의원 선거의 자격을 상실했는데 그럼에도 불구하고 의원을 선출한 경우가 있었다. 이를 "부패 선거구"라고 한다.

고 안전의 지반이 침식되고 있다고 느낀 사람들 측에서의 격분한 정의감이었다. 역설적으로, 인간 역사에서 일어난 사회의 가장 심각한 재분절re-articulation은, 실패자들the impaired과 절박한 사람들the threatened을 자극해 보수적인 (더 정확히 말해 주체적으로 보수적인) 행위를 하도록 한, '변화에 대한 적개심'으로부터 그 추진력을 획득했다. 전투의 강렬도는 빈곤의 절대 수준이 아닌 기대와 현실 간의 거리를 반영했다. 빈궁은 사회 저항과 단지 미미하게만 관련이 있었다. 반란을 일으킨 사람들은 때때로 빈민들이었지만, 그들은 대개 극빈의 공포를 피하기 위해 행동했다.[9]

선거 개혁 이후 "공장 검사[품질관리]"의 시대가 시작되었다. 뿌리 뽑힌 소작농들과 자본주의 경쟁에 의해 가게를 포기할 수밖에 없었던 장인들로 이루어진 노동계급 대중들이 역사의 전면에 나서게 되었다. 그들은 자본과 노동 간의 정치적 관계의 문제 ─ 즉 사회 입법의 최초 사례들을 만들어냈던 보상 및 노동시간과 관련된 투쟁에 대한 대규모적인 통제의 문제 ─ 가 되었다. 이러한 역사적 이행이 일어나는 동안, 우리는 소규모 기업가, 소유자─관리자, 자본가─감독의 생

---

9. Zygmunt Bauman, *Memories of Class : The Pre-history and After-life of Class* (London/Boston : Routledge & Kegan Paul), 7.

산적 자율의 종말, 즉 (공상적^{utopian} 사회주의자들이 보기엔) 자율적인 노동의 사회주의적 위기를 목격한다.

이러한 위기 중에, 직업을 통해 체험하는 신체와 영혼의 자율에 대한 역사적 기억은 공장 시스템의 확산에 반대하는 저항을 단결시키는 접착제가 된다. 또한 이 위기를 통해 비적격 노동자들에 대한 통제 시스템을 구축하고 훈육의 윤리를 수립하는 데에 노동 윤리를 합리적으로 활용하는 것이 가능해졌다. 워크하우스¹⁰ 내의 부녀자와 아동, 수용소 내의 빈민 등으로 시작되었던 공장 시스템은 이내 공장을 훨씬 넘어 확대되었고, 노동 계급의 전체 삶으로 확대된 훈육적 통제 시스템 모형(교회, 학교, 가정)을 만들었다. 그 기본적 원리에서, 이 모형은 판옵티콘 — 한눈에 감시할 수 있도록 제러미 벤덤(공리주의 및 부르주아 헌법 이론가)이 고안한 원형 감옥 — 과 완벽하게 일치했다.

중산 계급은 경제적-생산적 자율에서 — 가치화 과정들과 부의 생산에 대해 명령을 내리는 — **자본의 자율**로의 이행 중에 탄생했다. 중산 계급은 원한과 전통주의적인 향수로 가득 찬 복합적인 사회적 범주로 태어나, 경제적-제도적 혁명 이전에 획득했던 권리들의 상실에 대해 보상해 줄 것을

---

10. [옮긴이] 17세기 이후 설립된 영국의 강제노역소를 가리킨다.

끊임없이 요구했다. 중산 계급의 일면적인 정의를 불가능하게 만드는 것이 바로 중산 계급에 내재하는 이 복합성이다. 필립 퍼뱅크의 말처럼 그 결과는 다음과 같다. "'계급들'이 경제적이거나 물질적인 기준에 의해 정의될 수 있다거나, 아니 사실 그 어떤 기준에 의해 정의될 수 있다는 생각은 잘못이다."11

맑스 자신이 계급들에 대해 이야기하는 것은 계급들의 정체를 확인하기 위한 것이 아니라 **계급들을 창조하기 위**한 것이다. 맑스의 문제의식은 혜택을 받지 못하는 사람들이 자신들을 하나의 계급으로 사고한다는 점을 명확히 하는 것이다. 그렇기 하기 위해서는 **계급적 적**, 즉 또 하나의 계급 — 부르주아지 — 을 발명하는 것이 필요하다. 이것들은 우리가 실재하는 것으로 만들 필요가 있는, 그리고 그것들이 **정치적으로 행동할** 때에만 실재하는 "필수적인 허구들"이다. 이 "언어 게임"에서, 계급에 대한 이러한 수사적인 정의에서(여기에서 "수사적인"은 "사실무근의"를 의미하는 것이 아니라 오히려 **정치적으로 근거 있다**는 것을 의미한다), 우리는 실제로, 자기 자신이 스스로 만든 이미지의 반영 속에서 자신이 그러하다고 생각하는, 중산 계급의 기원을 발견할 수 있

---

11. Philip N. Furbank, *Unholy Pleasure, Or the Idea of Social Class* (Oxford : Oxford University Press, 1983), 13.

다. 작가의 작업에 대해 고찰을 했던 프루스트의 말을 바꾸어 표현해 보자면, 우리는 실제로 다음과 같이 말할 수 있다. 정치가의 임무는 강령이 없다면 유권자가 자기 힘만으로 깨닫지 못했을 것을 볼 수 있게 하기 위해 유권자에게 제공된 일종의 광학기기에 지나지 않는다고 말이다. 그리고 정치학이 하나의 예술 형태라는 점은 정확히 중산 계급의 수사학에 [입각해] 자신들의 권력을 수립한 사람들의 사례에 의해 충분히 입증된다.

1980년대는 소득층으로 정의된 중산 계급이 화이트칼라 노동자들이 경험한 [사회적 지위의] 하강 이동의 결과로써 어떻게 점차 몰락해 갔는지를, 그리고 이 중산 계급의 위기가 이 계급의 질적 변동의 징후라는 점을 보여주었다. **덤피들**[12](『비즈니스 위크』의 정의에 따르면 하강 이동한 전문가들)이, 보다 널리 알려진 **여피들**[13]을 대체했다. 미국에서 1980년대 초반에 해고된 화이트칼라 노동자들의 90퍼센트가 새로운 지위를 얻은 반면, 1980년대 말에는 그 비율이 50퍼센트까지 줄어들었다. 1990년대 초반에는 더욱

---

12. [옮긴이] 수입이 줄어들더라도 가족 본위의 생활을 유지하기 위해서라면 직장까지 바꾸는 새로운 부류의 사람들을 지칭하는 말.
13. [옮긴이] 도시 주변을 생활 기반으로 삼고 전문직에 종사하면서 신자유주의를 지향하는 젊은이들. 'young urban professionals'의 머리글자 'yup'와 '히피(hippie)'의 뒷부분을 합성하여 만든 말.

심해져 겨우 25퍼센트까지 떨어졌다. 1989년에 시작한 경기후퇴는 사실상, 1993년 클린턴 행정부의 대통령 경제 자문 위원회가 상술한 대통령경제교서를 보면 확실히 알 수 있듯이, 화이트칼라의 경기후퇴였다. 화이트칼라 실업과 블루칼라 실업의 상대적 비율은, 1992년에 이미 80퍼센트의 해고가 화이트칼라 노동자들을 대상으로 삼았을 정도로, 1980년대 이래로 시종일관 늘어났다.[14]

포스트포드주의적 재구조화와 관련된 모든 나라들에서 유사하게 나타나는 이러한 추세는, 한편으로는 기업 구조상 중간 경영진이 중요성을 상실해 가는 것(이것은 기업 조직에서 수직성이 상실되고 수평적 층위에서 기능들이 다시 집결된 결과다)에 의해, 다른 한편으로는 생산 부문 전반의 아웃소싱에 의해 설명될 수 있다. 아웃소싱은 수많은 유자격qualified 전문가들의 해고로 귀결될 뿐만 아니라 기업 컨설턴트와 독립 컨설턴트의 관계를 재규정하는 것으로 이어진다.

소득 분배의 관점에서 볼 때, 우리는 모든 곳에서 가계 소득의 중간치median의 70퍼센트와 190퍼센트 사이에 위치한 가계소득의 숫자상에서 순 감소가 있음을 감지할 수

---

14. 다음을 보라. "Downward Mobility : Corporate Castoffs are struggling just to stay in the Middle-Class," *Business Week* (March 11, 1992).

있다.[15] 포드주의적인 중산 계급에 대한 이 수치상의 측정 기준은 중산 계급의 축소가 실제로 어떻게 하강 이동으로 인해 야기되었는지를 보여주는 장점이 있다.

이 동학이 포드주의적인 중산 계급의 경제위기를 반영하기는 하지만, 중산 계급의 "신분적" 재분절에 대해, 또는 생산주기에 따른 중산 계급의 분포에 대해 충분히 설명하지는 못한다. 미국 경기 순환의 회복 주기에서, 고용된 주민들의 소비 증대에 대한 대응으로 1990년대 초반 새로운 일자리를 창출한 부문들을 내림차순으로 정리하자면 다음과 같다. 레저와 오락[16], 의료 서비스, 정보와 과학기술, 케이블 TV, 연구와 컨설팅, 비영리단체와 박물관, 교육 등이다. 대부분의 경우, 이 일자리들은 장기간의 노동일working day에 비해 모든 부정적인 측면 — 고용 불안전성, 부족한 혜택들 — 을 지니고 있는 자영업, 소규모 기업가, 비정규직의 다양한 형태들이다. 이것이 포스트포드주의적인 중산

---

15. 다음을 보라. Michael W. Horrigan and Steven E. Haugen, "The Declining Middle-Class Thesis : A Sensitivity Analysis," in *Monthly Labor Review* (May 1998).

16. 일자리 창출의 관점에서만이 아니라 오락경제가 새로운 멀티미디어 과학기술들을 시험하기 위한 하나의 연구실이라는 관점에서, 오락 경제가 수행한 점증하는 중요한 역할에 대해 잠시 생각해 보는 것이 중요하다. 『비즈니스위크』(1994년 3월 14일자)에 실린 분석에 따르면, 레저 부문은 과학기술적 혁신을 추동하는 주요한 힘인 군대를 대체했다.

계급의 직업적인 배열이며, 중산 계급은 지식과 창의성이라는 자기 자원을 활용하려고 시도하면서 소득과 직업의 관점에서 자신을 다시 정의했다. 그러나 이 때문에 중산 계급은 시장 수요에 속수무책으로 휘둘리게 된다.

(대략 평균적인 수준이나 중간적인 수준 정도에서 고전적인 소득 분배 기준으로 측정될 수 있는) 포드주의적인 중산 계급의 소멸이 "중간 소득층의 프롤레타리아화"와 일치한다고 생각하는 것은 잘못일 것이다. 중산 계급이 동질적인 방식으로 행동한다고, 또는 이 계급이 경제적-생산적 회로 내부의 안정적인 지위로부터 비롯한 동일한 목표들을 공유한다고 전제하는 것 역시 잘못일 것이다. 가장 최근의 선거 결과에 대한 분석을 통해 우리는 모든 곳에서 우편향이 매우 복합적인 선거 기반을 반영하고 있음을 볼 수 있다. 여기에서 우리는 세율에 저항하는 소규모 기업가 옆에 임시직 노동자들과 실업자들이 함께 있는 것을 볼 수 있다. 어쩌면 가장 놀라운 것은 종업원[피고용인]들의 숫자가 점점 늘어난다는 점일 것이다. 정치적 동맹들의 변화하는 본성은 포드주의 시대에 전형적인 정당 충성도와 대조되며, 불안전성의 끔찍한 측면을 폭로할 뿐만 아니라 사회 제도가 제공했던 보장들의 점진적 쇠퇴에서 비롯하는 안전성의 상실을 폭로한다.

"중산" 계급이나 "노동" 계급과 같은 표현들에서 공통적으로 나타나는 것처럼 직업, 교육, 도덕적 가치들에 존재하는 유사성이 외부적으로 나타나는 몇몇 뿌리 깊은 공통성들을 공유하는 일단의 사람들이 존재하는 것이 사실이라면, 단순한 수사로서의 "계급"이라는 용어는 새롭게 탄생한 중산 계급에 딱 들어맞는다. 중산 계급은 "수사학적 계급"으로서, 이 계급을 대상으로 만들어진 이미지와 상투어 속에서 확인된다. 이 계급은 모든 내적 차이들을 초월하는 소속감을 고려하는 투사의 산물이다.

"중산 계급"이라는 용어를 사용하는 것은 하나의 사회적 행동이며, "다른 사람과의 관계 속으로 들어가는 것", 다시 말해 "사회적 거래"에 끼어드는 것을 의미한다. 이것은 포스트포드주의적인 경제과정 전반을 가로지르는 모든 거래들처럼 일종의 수학적-언어적 거래다. 언어는, 즉 중산 계급의 이미지들, 상징들, 기호들을 통한 소통적 행위는 실제로 바로 이 계급을 생산하며, 이 "이질적인 집합체"에 공통적인 것 ─ 안전성, 안전, 전통, 정체성 등에 대한 욕구 ─ 을 외부화한다.

이 경우, 그 어느 때보다도 더, 무에서 ─ 즉 아무것도 아닌 것에 기초해서 ─ 창조된 가치라는 기호는 권력과 합의를 생산하는 데 성공하며 자신을 유형의 형태로 실현한다. 그러나 이것은 소통이 자신의 본성과 기능에 필수불가결한, 경제적-생산적 과정의 토대가 아니라면 불가능할 것이다. 이것이 사실이 아니라면, 사람들은 중산 계급에 속할 필요도, 더 낮은 사회 계층보다, 그리고 정치적 대의의 자격을 충분히 갖추고 있는 "노동하는, 유용한, 생산적인 계급"의 필수적인 부분보다 "우월하다고" 느낄 필요도 없을 것이다.

역설적이게도, 개인주의를, 초-개인적인 소속감을 생산하는 집단적 가치로 만들어 버리는 신자유주의 이데올로기로 집단 개종하는 것은 전혀 이상한 일이 아니다. 그리고 우리는 그것을 단순히 비난해서도 안 된다. 중요한 것은, (남이 죽어야 자신이 산다는 도덕으로 무장한) 억제되지 않는 개인주의가 어떤 사회 계급에 소속되고자 하는 욕망과 절대로 양립하지 못하는 것은 아니라는 점이다. 중요한 것은 소속되고자 하는 이 욕망이 실존한다는 점, 그리고 그것이 집단 해체의 실재적인 경험만큼 그렇게 강렬하다는 점이다.

물론 중산 계급의 수사학은 오늘날 광고를 통해서만 이러한 소속감을 생산한다. 공적 영역은 현실에서 존재하지 않는 정치적 공동체의 전도된 이미지일 뿐이다. 그렇지만, 바로 이 공동체에 대한 욕구로부터 우리는 공동체의 정치적 언어의 상업화된 수사학을 전복시킬 필요가 있다. 중산 계급이 제기하는 문제는 그 계급의 자기 이미지를 극복하거나 넘어서는 문제가 아니라 그것과 함께 머물고, 그 내부에서 주장하고[내-속하고]in-sist 저항하는[재-속하는]re-sist 문제이며, 우리가 "그 계급의 기원을 분명하게" 만들고 그 계급의 욕구들을 우리 손으로 다룰 수 있을 때까지 이러한 경험을 심화하는 문제이다.[17] 중산 계급의 기대와 욕망에 대한, 그리고 목적 달성을 위해 중산 계급을 조종하는 사람들의 손에 의해 중산 계급이 배신을 당하는 것에 대한 정치적 분석이 우리가 언어의 생산력, 즉 가치와 욕망을 규정하는 수사학의 생산력을 망각하도록 하지는 않을 것이다. 투쟁은 언어 내부에, 하나의 공동체에 소속하고자 하는 것과 동일한 근본적인 욕망의 다른 변형들을 생산할 수 있는 능력 안에 위치한다. 실질적인 문제는 공동체를 향한 욕망과 그것의 내적, 정치적 모순들 간의 간격을 메울 수 있는 다른 **공통의 장소들**을 어떻게 창조할 것인가이다.

---

17. 나는 이러한 생각을 다음에서 가져왔다. Massimo Cacciari, *DRÂN, Méridiens de la decision dans la pensée contemporaine* (Paris : L'Eclat, 1992), 13. 이 저작의 서두에서 카치아리는 플라톤의 다음 구절을 인용한다. "당신이 한 것이 아니라면 움직이지 말고 그대로 두라." 이것은 오늘날 매우 유용할 수 있는 제안이다. 하지만 이 정치적-분석적 노선에 대한 비판으로는 다음을 보라. Giuseppe Russo, "Idea della politica," *Politica* (Naples : Cronopio, 1993).

3. 국가와 시장

점점 세계화되어 가는 경제적 상황에서 포스트포드주의 패러다임이 확산됨으로써 우리는 국가와 시장 간의 관계를 다시 사고하지 않을 수 없다.

우선, 신경제에서 생산과 소비 관계의 역전은 세이의 법칙을 다시 규정할 것을 강제한다. 수요를 창출하는 것은 더 이상 공급이 아니다. 수요가 공급을 창출한다. 생산시간과 생산양식을 결정하는 데에서 수요의 중심성은 전통적인 경제 이론들의 특징인 모든 인과관계에 대해 우리가 "사고를 역전시킬 수밖에" 없게 만든다.

우리는 재고품의 기능에 대해 이미 이야기했다. 재고품이 있다는 것은 실제 수요에 비해 생산 역량이 초과한다는 신호다. 이것은 초과에 책임이 있는 노동력과 생산수단 양자에 대한 다양한 개입들로 이어진다. 그 목표는 공급과 수요 간에 실시간 균형을 수립하는 것이다. 이 균형은 시장이 경제가 생산한 재화와 서비스 전체를 흡수할 수 없을 때마다 위협을 받는다.

세이의 법칙에는 다음과 같은 특수성이 있다. 세이의 법칙은 균형의 관점에서 공급과 수요의 양적 관계를 규정하는데, 여기에서는 일정한 양의 필요한 재화가 동일한 양의 생산된 재화와 일치한다. 하지만 이 관계는 항상 실질적인 문제를 제기해 왔는데, 그 이유는 시장경제에서 그것은 오직 화폐적 관점에서 표현될 수 있기 때문이다. 최초 판본의 세이의 법칙에서 이것이 의미하는 것은, 공급이 동일한 수요를 창출할 수 있는 까닭은 오직 화폐 소득이 생산된 재화 전체의 구매를 가능하게 해주기 때문이라는 것이다.

이것은 말이 쉽지, 현실에서 입증하기는 무척 어렵다. 모든 자본가들의 강박관념은 언제나, 자신의 제품들을 판매하는 것이다. 판매가 안 된다면, 재화는 그저 초과 재고품이 되기 때문이다. 판매만이 화폐 이윤을 실현할 수 있다. 기껏해야 초과 재고품(특정 시점에 자본가의 회계 장부에 판매 칸이 아니라 비용 칸에 기입된)은 결국 더 낮은 가격에 팔릴 것이다. 어쨌든 이것은 언제나 실질적인 문제였으며, 경제학자들은 세이의 균등화가 실제로 참이라고, 즉 수요와 공급의 화폐 가치들이 실제로 동일하다고 가정함으로써 이 문제를 해결했다.

화폐의 존재가 교환 사슬을 끊을 위험성을 제기하기 때문에 세이의 법칙이 단지 "부분적으로만 참인지"(사실, 판매자들은 다시 구매하지 않기 때문에 교환 행위의 연쇄를 방해할 수도 있다), 아니면 경제 시스템에 의해 직접적으로 만들어진 화폐 소득이 공급된 상품들의 양을 흡수하기에는 구조적으로 불충분하기 때문에 세이의 법칙이 사실상 "완전히 거짓인지", 그 타당성에 대한 논쟁을 검토할 필요는 없다.

우리의 논의에 대해 복지 국가가 — (높은 소비 경향을 지니고 있는) 덜 부유한 계급들에게 소득을 분배하고 사적 부문들로부터 재화와 서비스를 구매하는 자신의 역할을 통해서 — 사실상 자본주의적 성장에 큰 도움을 주었다는 사실을 언급하는 것으로 충분할 것이다. 1929년 위기 이후 복지 국가는 사실상 대량 소비를 위한 "수단"이었다. 복지 국가가 없었다면 포드주의 패러다임을 일반화하는 것은, 완전히 불가능하지는 않았다 해도, 어려웠을 것이다. 복지 국가는 대량 생산과 대량 소비의 조화를 보장하는 데 성공했다. 포드가 자신의 자동차를 판매하기 위해 시작했던 명목 소득의 증대는 충분하지 않았을 것이다. 그래서 국가는 사적 영역 내부에서 생산된 것을 뛰어넘는 수요의 증대를 통해 개입할 필요가 있었다. 그리고 실제로 포드주의 경제에서, 급료는 언제나 생산의 연속성을 보장하는 데 근본적인 비용이자 결정적인 소득으로 간주되어 왔다.

따라서 저스트인타임의 특징을 이루는 기업의 생산 및 조직 기술들 덕에 우리가, 적어도 부분적으로는, 공급과 수요의 균형이라는 중대한 문제를 제거할 수 있게 된 것처럼 보였을 것이다. 바로 이러한 새로운 생산 시스템 속에서 초과 재고품이 공급과 수요의 불균형들의 지표가 되었기 때문에, 무재고zero-stock 원칙에 의거하여 생산과정을 구조화하는 것이 고전적인 과잉생산 위기의 위험을 피하는 성공을 거두게 된다.

재화 및 서비스의 생산자-판매자의 관점에서 볼 때, 이 것은 급료가 오늘날 주로 비용을 나타내고 더 이상 지출 [경비]가 아니라는 것을 의미한다. 생산자-판매자에게 정말로 중요한 것은 수요의 변수들에 대한 단기 반응이다. 왜 냐하면 그에게 수요란 그가 [그것에 따라] 자기의 공급을 재단해야 할 데이터이기 때문이다. 이 수요가 또한 [그가 부리는] 노동자들에게 주어진 급료의 결과라는 점은 그리 중요한 문제가 아니다. 중요한 것은, 그가 판매하는 제품들의 가격이 그가 실시간으로 생산하는 모든 것의 판매를 보장해줄 정도의 가격이어야 한다는 점이다. 포스트포드주의 생산자들은 미래의 수요를 위해서가 아니라 이미 존재하는 수요에 의거해 생산한다. 생산 행위에서 소비 행위로 0을 향해 경향적으로 감소하는 시간 변수(사전적인 것과 사후적인 것의 통합)는 급료를 소득으로 인식하지 못하게 만드는 한편, 급료를 경쟁을 유지하기 위해 최소한으로 줄여야 하는 비용으로 이해하는 인식을 강화한다.

이것이 ─ 소득 재분배를 위한 재정적 메커니즘이자 급료 소득의 발전기인 ─ 복지 국가가 포스트포드주의 자본가에게 장애물을 의미할 수밖에 없는 이유다. 한편에서 국가는 (세금과 사회적 편익의 관점에서) 노동의 초과 비용에 대한 원인으로 인식되고, 다른 한편에서 국가가 저축을 공공 부채에 변통하기 위해 금리를 올릴 때 국가는 바로 높은 차용 비용의 원천으로 인식된다. **화폐** 소득의 관점에서 볼 때, 공급과 수요 간의 실시간 균형은 급료를 받는 종업원들이 회사의 이윤에 관여하는 것에 의해서, 그리고 그 결과 제품이 실제로 판매된 **이후에야** 이루어질 것이다.

포스트포드주의 체제에서 신용이 점점 생산이 아닌 소비에 정향되는 것은 바로 이러한 시각에 의해서이다. 아주 다양한 형태(리스, 할부 계획, 소규모 신용, 모든 종류의 신용카드 등)의 소비자 신용으로 인해, 기업이 더 이상 선불할 수 없는 급료의 일부를 미래의 수요를 고려하여 당겨쓰는 것이 가능해진다. 소비자 신용은 그것이 생산된 것 전체를 구매할 수 있는 실제적인, **화폐적인** 수요를 허용하는 한에서, 포드주의 체제의 복지 국가에 속했던 역할을 맡았다. 유효 수요의 궁극적 보증자인 복지 국가의 전통적 역할은 민영화되고 있다. 은행 시스템은 (원하는 것을 구매할 소득을 여전히 갖고 있지 못한다고 해도 은행으로부터 직접적으로건 간접적으로건 그 차액(부족분)을 수령할 수 있는) 실제 소비자들에 초점이 맞춰진 수요를 보장할 능력을 더 잘 갖추고 있다.

저스트인타임 생산 시스템은 시장의 자동화를 기반으로 한다. 이 시장에서는 소비자 측의 구매 취향과 의향이 결정적이며, 시장은 생기자마자 그 취향과 의향이 알려지고, 탐사되고 즉각적으로 충족될 필요가 있다. 판매 할인점과 은행 시스템의 관계는 매우 견고해진다. 이것이 바로 은행들이 공급과 수요의 균형 실현을 부드럽게 하고 촉진하기 위한 모든 지불 시스템을 발달시키는 이유다. 그 결과 복지 국가는 점진적으로 자신의 정당성을 상실해 갈 뿐만 아니라, 유급 노동자들 역시 모든 생산성 증대를 즉각적으로 화폐 소득으로 만들도록 그들을 몰아세우는 신용 시스템에 더욱더 의존하게 된다. 이것은 소비자의 덫을 만드는 것보다 훨씬 많은 노동의 덫을 만든다. 실업 문제를 해결하기 위해 생산성 증대에 기초하여 일자리들을 나누겠다는 생각은 "소비 과열"에 의해 곤란을 겪는다. 포스트포드주의적 "소비주의"가 사실상 사람들로 하여금 "빚을 갚을 수 있도록" 하는 **노동 강제**에 지나지 않지만 말이다.

경제의 세계화는 국가의 경제적 역할을 훼손시키는 것 delegitimizing에 또 하나의 요소를 추가한다. 세계화된 시스템에서, 국가 투자는 포드주의 경제 이론들에서 중요한 지위를 갖는 "증식 효과"를 보장하지 못한다. 도로, 공립학교 또는 그 밖의 것들을 건설하는 것이 반드시 그 나라(그것이 국가이건, 지역이건 또는 여타의 행정적 실체이건)의 일자리 창출을 더 이상 의미하지는 않는다. 그 과정에서 만들어진 소득은 결국 다른 곳에 귀착될 수도 있는데, 이는 바로 전지구적 경제들의 규제 철폐가 암암리에 모든 국경들을 개방했기 때문이다. "오늘날의 세계 경제에서는 소비자의 주머니에 돈을 쏟아 부어도 그것이 해외로 유출되기 때문에 국내경제에 아무런 도움을 주지 못한다."[18] 스위스인이 새로 TV나 CD를 구입하면 그 돈은 일본, 한국 또는 그 밖의 다른 나라로 유출될 뿐이다. 경제가 더욱 세계화되면서 국가의 역할은 축소되고, 전통적인 경기 대책들로써 실업과 싸우려는 모든 노력들은 수포로 돌아가고 있다. 실업에 맞서는 투쟁 지형은 공공 투자를 통한 소득 생산의 실제 공간과 마찬가지로 사라지고 있다.

실업과의 싸움에서 효과를 보기 위해 국가의 전략들은 실제적인 부의 분배에 덜 의존하게 되고, 지식의 분배에, 가용 자원들을 활용할 수 있는 능력에 더 의존하게 된

---

18. Alvin Toffler, *Powershift*, 94[앨빈 토플러, 『권력이동』, 이규행 옮김, 한국경제신문, 1990, 104쪽].

다. 포스트포드주의 체제에서 소득 분배자로서의 국가의 역할은 실제로 덜 두드러지며, 지식에 근거한 그리고 세계 시장 내부의 개별적인 것들의 (또는 특정한 지리적 지역의) 가치화에 근거한 비물질적 능력들을 조달하는 존재로서의 역할이 전략적 중요성을 갖게 된다.

오늘날, 우리는 실업이 재인정[자격검증]requalification 프로그램들에 대한 실질적인 재규정 없이는 극복될 수 없다는 것을, 그리고 빈곤은 잘 계획된 재분배 척도들로 맞서야 한다는 것을 충분히 잘 알고 있다. 따라서 우리는 다음과 같이 물을 수 있을 것이다. 이와 같은 종류의 모든 합리적인 제안들이, 신자유주의적인 재정 축소 프로그램들과 만나기 전에도 국가의 예산 제한[조치]들과 상충하는 이유는 무엇인가?

중요한 것은, 경상 예산 관리보다 투자 비용이 여전히 훨씬 더 큰 몫을 차지하는 한 공공 재정이 포드주의적인 회계 수단을 채택하고 있다는 사실에 있다. 바로 이 재분배 repartition가 가장 중요한 정치-경제적 장애물을 의미한다. 투자비용이 경상 예산 비용으로부터 자원을 소진하고, 아니면 적어도 비용 증대를 상당히 방해하는 것은 이것에 토대를 둔다.

물질적 재화의 가치가 아주 빠른 속도로 저하되고 있

는 것은 사실이다. 과도한 부채를 미래 세대에게 남기지 않기 위해 금융 정책을 추구하는 것은 이해할 수 있다. 하지만 이에 기초해서 실업이나 빈곤에 대한 모든 투쟁이 근절되어야 한다는 것은 어불성설이다.

수많은 품목들이 경상비로 설명될 수 있지만(교육을 생각해 보라), 사실 이것들은 미래 세대가 절실하게 필요로 하는 투자들이다. 그렇지만, 현재의 회계 형태들에서 그것들은 비용으로 등록된다. 가장 중요하게는, 정치 당국이 물질적 재화에 그리고 그것의 자금 조달에 투자를 늘리기로 결정할 때 감축될 필요가 있는 비용으로 등록된다. 하드웨어가 소프트웨어에 비해 그 중요성이 점차 상실되어가고 있는 경제에서, 다음과 같이 추론하는 것은, 즉 미래 세대들이 신경제에 적절한 지식, 문화적 환경, 사회적 응집력 등이 아닌 급속히 쇠퇴해 가고 있는 구조들을 우리로부터 물려받아야 한다고 추론하는 것은 (부패의 관점에서 볼 때가 아니라면) 완전히 비논리적이다.

융자금은 더 이상 부동산 건축물들의 감가상각 시간에 의거해 계산될 수 없다. 마찬가지로 연간 유지비용이나 급여 채권이, 국고 수익, 투자, 융자의 차액보다 더 높은 수준으로 비물질적 재화에 투자되지 않는 구실이 될 수는 없다. 개인이 교육 때문에 빚 ─ 이 빚은 그가 직업을 갖고 있는 동안

서서히 갚아야 할 것이다 — 을 질 수 있다면, 우리는 왜 동일한 논리가 집단에 혜택이 되는 교육적인 계획 또는 심지어 재분배적인 계획들에 적용되지 않았는지 이해할 수 없다.

국가 주도권이 사라지면서 비게 된 공간이, 교육처럼 예전에 공적인 것으로 여겨지던 다양한 부문에서 사적인 기획들로 채워지고 있는 것은 놀랄 일이 아니다. 사실, 다음과 같은 몇 가지 이유로 자본은 풍부하다. (연금 제도와 같이) 기관 투자자들이 도입하고 관리하는 저축은 불균형적으로 증대되었다. 과거 사회주의 경제에서 투자는 신중하게 이루어졌다. 마지막으로, 그러나 역시 중요한 것이지만, 고정자본 투자는 점점 일관성이 없어지는 한편 비물질적인 활동에 대한 화폐와 자본의 투자는 더욱 중요해지고 있다.

풍부한 자본은 공채公債를 결정하는 요인이 금리에 있다고 보는 국가의 역할을 덜 강조할 수 있도록 해 줄 것이다. 전통적인 이론들에 따르면, 부채와 마이너스 금리가 늘어나면 이용할 수 있는 금융 자원들이 감소할 것이다. 하지만 사실상, 이것은 세계화 현상과 침체된 봉급률 때문에 회복 자체가 인플레를 유발하지 않는 시대에 더 이상 사실이 아니다.

국가의 예산 결정에서 기반시설, 고정자본, 금융에 대한 투자가 수행했던 역할은 (말할 것도 없이 부패가 뒷받

침되지 않는다면) 분석적 관점에서 이해하기가 쉽지 않다. 이러한 투자의 가장 큰 부분은 보통 **영토** 전체와 관련되기 때문에, 고금리의 융자가 (예컨대 도로나 철도 노선을 건설하면서) 국가와 계약을 맺은 부채를 신속하게 제거하는 게 사실이라면, 실현된 노동의 감가상각 시간을 그것들[투자와 금융]이 고려하지 않는다는 것 역시 사실이다. 이 감가상각 시간은 융자 계획보다 보통 더 길다. 이와 같은 방법으로 공채가 빠르게 줄어드는 것이 분명한 사실이지만, 아무도 부채를 없앤 이후에 남는 자본의 **실종**occultation에 대해서는 언급하지 않는다. 한 예로, 철도 노선은 완전히 융자를 받은 뒤에도 오랫동안 계속 기능하면서 공공 소유의 자산이 된다.

(금융 속도와 물질 재화의 감가상각 속도 간의 간극의 결과인) 국가 재산 ― 즉 집단 재산 ― 의 실종으로 인해 국가는 (보통 분배된 소득인) 경상비로부터 재원을 회수하는 한편 동시에 재정 감축을 위한 모든 조건들을 창출하는 정책들을 유지할 수 있다. 신자유주의적 우파들은 사실상 공채 감축이 이루어지자마자 재정 압박에 반대하는 전쟁을 벌이기 시작한다. 신자유주의적 압력들은 재정 수익이 높을 때, 심지어 세율이 올라서가 아니라 **소득**revenues이 올라서 재정 수익이 상승할 때 더 거세진다. 이와 같은

식으로 소득 분배 전선에 개입할 가능성은 두 배로 줄어든다. (이윤 폭과 관련하여 절대적이고 상대적인 관점에서 규정된) 줄어든 재정 압박으로 보다 높은 금리^{financing rate}가 뒤따른다.

이러한 "원시자본주의적"^{paleocapitalistic} 회계법은, "적정 수준의 국가"에 대한 토론을, 행정부가 사적 기업처럼 행동하도록 만드는 완전히 비생산적인 수준에서 전개되게 한다. 가장 선진적인 기업 부문들이 지적 자본의 전략적 역할을 인식하고 기업 회계의 적절한 기술들을 개발하기 위해 할 수 있는 것이라면 무엇이든 할 때 국가가 중소기업들의 논리를 고수한다는 것은 역설적인 일이다. 이 기업들은 자신들의 투자에 자금을 대기 위해 주로 종업원들의 노동을 고려할 필요가 있는 회사들이며, 점차 아웃소싱 업무에 의존하면서 유지비용을 최소로 줄이고 단지 돈을 절약하기 위해 환경을 오염시키고, 집단의 책임이 되는 **부정적 외부효과들**^{negative externalities}을 만들어내는 회사들이다.

우리는 또한 토지, 즉 영토가 레이건 재임 동안 미국에서 근본적인 역할을 했다는 것에 주목해야 한다. 1980년대 신자유주의적 정책들은 부동산 투기 광풍을 합법화했으며, 완전히 고삐가 풀린[규제가 철폐된], 하층 및 중산 계급들을 위한 저축기관들(저축대부조합)이 공화당 그리고 민주당 정치인들에게 모두 이로운 부패 논리에 따라 부동산 시장에 투자하도록 했다. 미국 경제학자 제임스 오코너에 따르면,

> 1980년대 경제 붐이 일어난 부문들 중의 하나는 모기지 mortgage 19의 확장으로 결정되는 소비자 수요가 늘어나고, 소비자 소득과 관계되는 소비자 금융이 늘어난 것이다. 이것은 제조업으로부터 환경자원 및 금융에 대한 착취로 구조적 변동이 일어난 것이 원인이 되었다.[20]

실제로 부동산, 건설, 금융 부문들이 그들만의 수요를 창출했지만 저리 자금을 제공하는 것을 통해서 그러한 수요에 대응했을 뿐이며, 급기야 중산 및 하층 계급 소비자들의 저축을 공격했다. 이러한 조작operations의 최종 결과는 은행들의 장기적인 연쇄 파산이다. 따라서 국가는 저축 기

---

19. [옮긴이] 'mortgage'는 '담보, 저당[권]'등으로 옮길 수 있으나 '부동산을 담보로 주택저당증권을 발행하여 장기주택자금을 대출해 주는 제도' 또는 '은행이 주택 관련 대출을 한 후 대출채권을 바탕으로 채권을 발행해 매출함으로써 대출 재원을 조달할 수 있는 제도'로 굳어져 쓰이므로 음역하여 '모기지'로 옮겼다.

20. 『일 마니페스토』(1992년 7월 9일자)에서 인용함.

관들의 부채를 떠맡을 수밖에 없었고, 이것은 사회의 극빈층 주민들에게서 재분배 가능한 소득을 효과적으로 탈취한 (그리고 계속해서 탈취할) 작업이었다. 유럽에서 복지비용의 축소를 목표로 한 정책들이, 레이건이 10년 전에 촉발한 것과 동일한 논리를 지금 답습하고 있다. 하지만 이러한 논의의 한가운데에서 우리는 여전히 영토를 발견한다. 국가의 집단 자산을 민간이 탈취할 가능성으로부터 정치적 동맹이 태어나는 곳이 바로 이 공간이다.

국가 전략을 새로운 포스트포드주의가 창출한 실질적인 논점들에 집중시키는 것을 꺼리는 분위기로 인해 신자유주의 정책들을 선호하는 정치적 블록이 형성되어 온 것이 현실이다. 자신들의 정치적 블록을 뒷받침하는 복지국가의 역할보다 (고용보장과 연금보장 등의) 특권들이 훨씬 더 눈에 띄는 복지국가를 기업가들, 민간 컨설턴트들, 비정규직 노동자들, 그리고 항상 해고의 위험에 시달리는 예속적인 종업원들이 지지할 이유란 전혀 없다. 국가의 의도는 거의 중요하지 않다. 유일하게 문제가 되는 것은 이 기업주의적 시각이, 우파의 주장에 쉽게 조작되는, 국가 통제에 반대하는anti-statist 중산 계급을 결집할 수 있다는 것이다.

소통적–관계적 활동들, 비물질노동, 지적 자본 등을 정치적으로 동원하지 않고 이 난국으로부터 벗어나는 길을 찾기란 불가능하지는 않더라도 어려운 일이다. "코그니타리아트"의 정치적 전략들을 발달시키지 않고 신자유주의적 경향들에 반대하는 것은 어렵다. 문제는 중산 계급의 수사학적 신화를 좇아 그들의 언어와 정치 프로그램을 신자유주의적 "상투어들"에 순응시키면서 "중간을 정복하는" 것이 아니다. 이러한 상투어들에는 물질적 토대가 있으며, 현실의 사회적·정치적 구성을 반영한다. 그것들의 정치적 힘은 국가와 시장의 관계를 다른 맥락에서 사고할 수 없는 우리의 무능력 탓이다.

국가에 대한 오늘날의 원한은 새로운 생산 계급들에 대한 정치적 인식이 실패한 것에서, 그리고 관계적-소통적 능력들(사적 자본은 현재 이 능력들에 지불하지 않고[21] 이

---

21. 1994년 3월에 발행된 로마의 단체 "루오고 꼬뮈네"[공통의 자리]의 선언서에는 다음과 같이 적혀 있다. "아베 시에예스가 팸플릿에서 던진 세 가지 질문이 기억 나나요? '제3신분이란 무엇인가? 모든 것이다. 정치적 장에서 제3신분은 지금까지 어떤 모습이었는가? 아무것도 아니었다. 제3신분은 무엇이 되고자 하는가? 어떤 것이 되고자 한다.' (2차 세계대전 이후의 정치적 배치 속에서 언제나 두드러진 역할을 했으면서도) 자신을 오해되고 착취당하는 시민사회로 드러내는 우파는 점차 부르주아 노동 윤리를 주장한 18세기 발의자의 수사학을 채택하고 있다. 시이예스의 1789년 텍스트에서 '특권층'을 '정치 계급'으로 바꾸면 우리는 마치 1990년대의 상황을 읽고 있는 것 같다는 사실에 충격을 받는다. '빚이 없기에, 그리고 게으름 때문에 이 계급은 국가에 외부적이다.' 따라서 제3신분인 시민사회는 특권적인 정치 계급을 제거할 수 있었다면 실제로 '자유롭고 번영하

능력들을 착취하고 있다)에 대한 공적 지원이 결핍된 것에서 비롯한다. 자본은 생산성을 보상해 주기 위해 경쟁을 활용하지만(우리는 협상에서 승리하기 위해 서로 과도한 요구를 하는 작은 기업들, 또는 독자적인 계약자들을 생각해 볼 수 있다), 병참학적 노력, 인지 능력들의 활용, (직업 훈련에 대한 투자를 언급조차 하지 않고) 노동을 실현하기 위해 동원된 시간과 경험 등은 – 직업 훈련 협상에서 질 것이 두려워 – 에 포함되지 않는다. 우리는 (이러한 수준의 전문 기술에 필수적인 새로운 훈련 계급들을 제공하거나 포스트포드주의 생산양식과 연관된 새로운 위험성들을 다루면서) 있어야 할 곳에 있지 않고 언제나 재정의 주체로 모습을 드러내는 국가에 대한 증오감이 될 수 있는, "중산 계급" 측에서의 일종의 자기착취를 현재 목격하고 있다. 그러나 과세 대상 소득에 대한 규정은 점차 추상적으로 되었으며, 그것은 이러한 규정이 오늘날의 고용 시장에서 경쟁적이 되기 위해 필요한 비용들을 고려하지 않기 때문이다.

———————————

는 전체'가 될 수 있었다."

4. 역외적域外的 국가[22]를 향하여

    신자유주의적 우파와 포드주의 시대에서 물려받은 회계 논리 사이에 짓눌린 오늘날의 국가가 맞닥뜨린 역사적 딜레마는 그럼에도 불구하고 정치적 행위를 위한 새로운 공간들을 열어젖히고 있다.

    이러한 공간들은, **정치의 행정으로의** 점진적인 **변형**과 포스트포드주의 사회들의 몇몇 매우 첨예하고 상징적인 문제들 ─ 구조적 실업, 마약, 에이즈 전염, 이주민과 난민들의 지위 등과 같은 문제들 ─ 에 맞서는 데에서 **시민사회**가 차지하는 점증하는 역할의 상호작용에 존재한다.

    포스트포드주의 체제는 대의 민주주의의 특징인 고전적인 제도들의 위기, 그리고 특히 의회 시스템의 위기를 수반한다. 이 위기는 생산행위와 소통행위의 중첩에서 비롯되는데, 경제적 영역과 정치적 영역의 고전적인 분리에 파열을 일으키는 한편, 도구적 활동과 정치-소통적 활동을 함께-**융합**con-fusing한다. 이것은 고전적인 정치적 합리성으로는 이해될 수 없는 사회 및 정치 과정들을 해방했다.

---

22. [옮긴이] 마라찌가 "역외적"(extra-territorial)이라는 표현으로써 나타내고자 하는 것은 영토성, 국민국가, 지역(예컨대 시실리)을 벗어날 수 있는 기획으로서의 국가 개념이다.

이러한 위기의 첫 번째 결과는, 행정 및 입법 권력들이 공통의 이해관계라는 논점을 둘러싼 합의를 창출하기가 점점 어려워지는 것에서 알 수 있는 것처럼, 제한된 이해관계와 "주제들"의 토대 위에서 집단성을 대의[대표]하는 것으로 모습을 드러내는 정당들 및 운동들이 늘어난다는 것이다. 우리가 베를루스코니즘이라고 부르는 것은, 폴 비릴리오가 규정한 것처럼, 단순히 "비공식적인 돌발사고"에 기인하는 이탈리아적인 현상이 아니다. 이것은 간단히 말하자면, 소통 부문 내부에서 이루어지는 이해 기반 행위의 가장 초기적인 표현이다. 베를루스코니즘은 반≭트러스트 법률과 같은 것으로 폐지할 수 있는 "TV 아노말리"[변칙적인 TV 프로그램]이 아니라, 사실 포스트포드주의 협치에서 이루어지는 하나의 실험이다. 여기에서 우리는 포스트포드주의적 변동에 의해 해방된 역사적 경향의 모든 특징들의 논쟁적인 종합을 발견한다.

오히려 베를루스코니의 성공은, 오늘날의 변형들이 갖는 보다 깊은 의미를 이해할 수 없고 따라서 오늘날의 정치행위 패러다임들을 근본적으로 혁신함으로써 그러한 변형들에 대응할 수 없는, 그의 반대자들 편에서의 무능력을 나타낸다. 좌파가 신자유주의의 왜곡들에 저항하기 위한 시도들에서 다시 유의미성을 획득하고자 한다면, 베를루스코니즘이라는 정치-미디어 시스템 이면에서 그리고 그 내부에서, 그것이 의존하고 있는 실재적인 사회세력들을 조사하고 확인하는 것이 훨씬 더 생산적일 것이다.

통신 과학기술들은 세계에서 벗어나는 망명 수단도, 실재에서 벗어나는 가역적인 일탈도 아니다. 오히려 그것들은 우리가 **함께 존재하기**being together의 방식 속에서, 하나의 사회로서 경험하는 **세계의 구축**에 기여하고 있는 메커니즘들이다. 베를루스코니즘에서 "함께 존재하기", 즉 **공적 영역**에서 살아가기가 **광고**의 세계 내부에 존재하는 것을 의미한다면 — 그리고 이것이 가장 증오스런 측면들 중의 하나다 — 우리에게 필요한 것은 또 다른 방식의 함께 존재하기다. 우리에게 필요한 것은 정치 공동체로서의 공적 영역을 생산할 수 있는, 또 다른 언어다.

어쨌든, 포스트포드주의적인 의회 민주주의는 맨 처음부터, 반사회적인 조처의 채택을 통하지 않고는, 포스트포드주의 사회들의 문제들에 대항할 수 없을 것처럼 보였다. 기업가 계급(베를루스코니가 총리로 재임하던 시절 이탈리아에서 이 계급은 통신 부문과 금융-부동산 부문의 이해관계를 동시에 대변한다)이 일단 권력을 잡으면 곧 복잡한 문제들을 다루는 데 스스로 부적당함을 드러낸다. 민주적 제도들을 "합리화"하기 위해 행정에 도입하고 싶어 했던 저스트인타임의 과학기술들은 (투표를 통해 결정되는) 시민들의 요구들을 한 사람, 하나의 우주로부터 나오는 효과적인 요구로 해석하지만, 사실 "정치 시장"이라는 바로 그 논리가 알려주는 것은 우리가 다수의 주체들, 복수-우주 pluri-verse의 요구들을 다루고 있다는 점이다. 투표 시스템은 판매의 순간에 소비자 정보를 모으기 위해 고안된 메커니즘들과 같은 것이다. 이 시스템은 시민사회의 횡단면을 순간 속에 응결시켜, 시간과 공간으로부터 추상된 "여론"을 형성한다.

공간과 모든 구체적인 영토를 분해하고, 개인과 집단 간의 실제적인 마주침 속에 그리고 역사 속에 뿌리박힌 모든 실재를 분해하는, 정보 과학기술들의 엄청난 속도는 우리의 일상생활을 구성하는 느리고 완강하며 견고한 현실을 억압할 수 없다.[23] 포스트포드주의 사회에서의 시간의 기술적 죽음, 이것은 구체적이고 느리며, 실제 영토에 거주하고 있는 시민들의 사회적 삶들과 생생한 경험들을 여전히 형성한다. 옛 속담에서 말하길, "가볍게 무장한 사람만

---

23. 다음을 보라. Paul Virilio, *The Art of the Motor* (Minneapolis : Unviersity of Minnestoa Press) [폴 비릴리오, 『동력의 기술』, 배영달 옮김, 경성대학교출판부, 2007], 23과 이하. 이어지는 논의에 대해서는, 1994년 10월 13일자 『일 마니페스토』에서 지오르지오 보아띠, 알베르토 아브루제세, 프랑코 카를리니가 비릴노에 대해 다룬 기사들을 보라.

이 신속하게 행진할 수 있다." 느린 시간은, 성급함에 대해 칼비노가 미국의 한 강의에서 언급한 중국 이야기에 나오는 "완전한 시간"이다. "이렇게 10년을 보내고 나서야 장자는 붓을 들어 일필휘지로 게를 그렸다. 그것은 지금껏 본 것 중에 가장 완벽한 게 그림이었다."[24]

사실, 포스트모던한 사회에서 민주주의는 항상 **소통의 시간**과 **사회관계의 공간** 사이에 위치해 있다. 근대성의 내재적인 갈등에 대한 가장 이질적인 해석들versions이 나타나는 것은 바로 사이에 있는 이 공간 안에서이다. 일자와 다자, 개인과 집단, 일반적인 것과 우연적인 것, 특수한 것과 보편적인 것 사이, 직접 민주주의와 대의 민주주의 사이, 국가와 시민사회 사이.

우리는 "간소한", "보조적인", "선동적인", 또는 "감독하는" 등과 같은 국가에 대해 더 많이 이야기하는데, 이는 정확히 이 표현들이 국가와 시민사회 사이의 관계들에 대한

---

24. [옮긴이] Italo Calvino, *Six Memos For The Next Millennium* (Cambridge : Havard University Press, 1988). '장자의 게 그림'에 대한 이야기는 이렇다. "장자는 재주가 많았었는데, 뛰어난 화가이기도 했다. 왕이 장자에게 게를 그려 달라고 부탁했다. 장자는 5년의 시간과 집 한 채, 12명의 하인이 필요하다고 왕에게 대답했다. 5년이 지나고 그림은 아직 시작도 되지 않았다. '5년이 더 필요합니다.'라고 장자는 말했다. 왕은 허락해 주었다. 이렇게 10년을 보내고 나서야 장자는 붓을 들어 일필휘지로 게를 그렸다. 그것은 지금껏 본 것 중에 가장 완벽한 게 그림이었다."

새로운 ─ 보다 유동적이고 복잡한 ─ 분절을 강조하기 때문이다. 국가의 기능^{agency}에서 일어난 변형은 어쩌면 목표들의 소통과 목표들의 실현 사이의 관계에서 더 잘 보일 것이다. 이러한 고요한 변동들은, 마약 중독 문제 그리고 그러한 문제를 도시 상황에서 폭발하게 만드는 사회갈등과 같은, 가장 극단적인 형태의 사회적 주변인을 겨냥한 정치적 조처에서 가장 명확하게 관찰될 수 있다. 마약 시장의 동학, 그것의 영토적^{territorial} 논리, 그 안에 포함되어 있는 주변 인구들의 가장 다양한 행태들을 내부로부터 알아야 할 필요로 인해, 국가는 시민사회가 예방과 재활^{reinsertion}이라는 모든 조처를 정교화하는 데 관여하도록 요청할 수밖에 없다. "마약 문제"는 그 극적인 위급함으로 인해 행정부들이 의회 토론으로 만들어진 "장애물들" 없이 자체의 지형 위에서 맞닥뜨려야 할 "기술적인" 문제가 된다. 마약 중독은 합의적이고 "담론적인" 민주주의의 규칙들에서 벗어난 것이며, 마약 중독자를 시민으로 간주하는 것은 대의 민주주의의 관점에서 모순이 될 것이라는 것이다. 마약 중독자는 시민사회 전체를 대표[대의]할 수 없다. 마약 중독자는 사실 주변인이며, 그가 그 규칙들을 따르지 않는 대의 민주주의에 포함되지 않는다. 그는 공동생활의 규범들로 환원될 수 없는, "불가능한 주체"이다. 이처럼, 그는 존재의 더 깊은 원인들에 대한 민주적인 논쟁[대상]에서 벗어난, "행정적" 주체로 간주될 수 있을 뿐이다.[25]

시민사회에 호소하는 "선동적인" 국가는 어쨌든 "가난한" 국가로서, 구체적인 투자 기획들을 정교하게 만들려고 노력하는 서로 다른 조직들에게 필요한 **사업 자금**seed money의 지급에 엄격한 조건들을 부과한다.[26] 이렇게 해서 국가의 회계 논리는 시민사회에 전달되고, 공금에 동반되는 강제들로 인해 공금이 국가가 고용한 사람들이 수행한 노동을 혁신하는 데에 사용되지 못하는 일이 종종 발생한다. 비정부[민간] 단체 출신의 사회복지사들social workers(이와 아울러 이들이 마약 중독자들과의 긴밀한 접촉을 통해 얻은 지식)이 종종 더 믿을 만하게 보이는 것은 바로, 그들이 국가의 대표[대의]자들이 아니기 때문이다. 그러나 이러한 종류의 사후적으로post facto 탈중심화된 개입 위험들은, 재원의 분배에 동반되는 규칙들로 인해 국가 통제를 시민사회에 삽입하기 위한 또 다른 방법이 될 수 있다. 더욱이 이러한 단체들은, 단체 사람들이 이러한 장에서 맞닥뜨리

---

25. 다음의 중요한 연구를 보라. Daniel Kübler, *L'État face à la toxicomanie. Action publique et contrat social* (Lausanne : Institut de Sciences Politiques de l'Université de Lausanne, 1993).

26. 다음을 보라. Danielle Bütschi and Sandro Cattacin, *Le Modéle Suisse du bien-être* (Lausanne : Réalités sociales, 1994).

는 저항에 대한 민주주의적 논쟁을 위한 공간을 열 수 있는 가능성으로부터 혜택을 받을 수 없는 한, 국가의 특권들을 가지고 있지 못하다.

사실, 진짜 문제는 국가가 갈 수 없는 바로 그곳에서 행동하도록 호출된 단체들을 위한 개입의 장소를 규정하는 것이다. 그것들이 위치하는 것은 바로 이러한 지역적 규모 위에서이며, 그것은 우리가 가장 문제적인 주체들을 발견하는 곳이 바로 이 평면 위이기 때문이다. 하지만 이곳은 또한 우리가 민주주의의 문제와 조우하는 장소이며, 이 장소는 마약 중독이라는 논점에 대한 순수하게 기술적인 접근을 통해 외관상으로는 제거되었었다. 지역들이나 기타 지방 단체들 같은 공통의 공간들은, 시민사회가 그 민주주의적인 기준들을 재규정할 수 있는 관념적인 차원을 대표[대의]하는 것과는 거리가 멀다. 그리고 마약 중독의 문제가 아무리 "민감하다" 할지라도 아직도 우리가 이러한 문제를 자기 마을에서 대면하지 않는 것을 분명 더 좋아하는 주민의 협력을 원한다면 이러한 기준들은 필요하다. 세심한 관리를 받는 헤로인 배급과 에이즈 예방을 위한 센터들의 개원에 반대하는 주민들 때문에 종종 가장 긴급한 정책들이 교착상태에 빠진다.

지역 지형은 우리가 여전히, "영역 싸움" 수준에 쉽게 도달하는 통제의 미시물리학에 따라 작용하는 봉건적인 유형의 권력 구조를 발견하는 장소다. 지역적으로 이행되는 서비스들은 종종, 주민들이 모든 주변적인 주체들에게 (심지어 이 주체들이 이러한 서비스로부터 혜택을 받는 "피보호자들"이 되기 전에) 투사한 추상적 상상계(이것에 따르면 마약중독자는 "젊고, 범죄적이며, HIV 양성 반응을 보이는" 등등의 속성을 가질 것이다)와 충돌한다. 주류의 지역 주민의 방어 전략들과 상충하는 (길모퉁이, 점거 건물 또는 특수한 물구덩이 같은) 공간적 실천들에 의존하여 자신들을 재생산하는 모든 주체들에게 이런 일이 일어난다. 이러한 지역적 방어 전략들 때문에 실제로, 시민사회 내부의 탈중앙집중적 공공 행위가 효과를 발휘하지 못한다. 그리고 실제로 사회 전체와 관련된 논점들을 다루기 위해 채택된 지역 정책들이 실행되지 못한다면, 이것은 모든 사회 정책들의 실패로 귀결된다.

시민사회의 연루와 국지적 방어 사이의 충돌은 우리로 하여금 정치적 주도권과 의사결정 과정을 다시 정의하도록 만든다. 자신의 정당성을 지역의 땅에 둘 때 공공의 주도권은 무력한데, 그 이유는 지역주의localism 자체는 사회 전체와 관련된 극적인 문제들의 해결을 목표로 하는 주도권이 제대로 발휘될 수 없도록 만드는 물질적 이해관계들의 혼합

물이기 때문이다. 지역주의는 (가난한 나라들의 구조를 파괴하는 결과를 가져온 생산과정들과 경제적 세계화의 재구조화/비물질성 그리고 국민/국가의 쇠퇴 국면에서 문화적 정체성을 위한 욕구를 반영하는 민족 전쟁 등과 같은) 점차 탈영토화된 과정들에 뿌리를 두고 있는 사회적 논점들을 영토화한다. 우리가 지역적으로 행동해야 하는 것은 맞지만, 지역적인 것은 일반적인 이해관계라는 논점을 특수화한다.

우리는 마약 중독에 반대하는 공적 조처에 대하여 길게 이야기했지만(하지만 새로운 이주라는 문제도 동일한 방식으로 다루어질 수 있을 것이다), 이것은 우리가 대의 민주주의의 한계들과 (정치를 단순한 행정의 문제로 만듦으로써) 그러한 한계들을 극복하기 위한 시도들을 과도하게 극화하고 싶기 때문이 아니다. 사실 이러한 문제들이 매우 긴급한 이유는, 구체적으로 말해, 이 문제들이 훨씬 더 큰 논점들, 특히 민주주의를 다시 정의하는 데 있어서 시민사회가 갖는 역할을 반영하기 때문이다.

역사적으로 볼 때, 우파는 이러한 "아포리아들"에서, 대의 민주주의의 작동 방식에 내재하는 이러한 이론적 어려움들 속에서, 언제나 혜택을 누려 왔다. 모든 주변적 존재에 대한 우파의 혐오감은 권위주의적 형태의 포스트-

대의 민주주의 — 행정적인 저스트인타임을 방해하는 모든 저항 형태를 제거함으로써만 작동할 수 있는 "권리 없는" 민주주의 — 의 서막일 뿐이다. 우파에게 마약 중독자, 난민, 실업자 들은 새로운 사회통제 과학기술들을 가지고 실험하기 위한 "인간 물질"이다. 1차 산업혁명 기간에 새로운 산업 기계의 테스트를 위한 실험 재료로서 여성, 아동, 부랑자 들이 구빈원과 수용소 안에 가두어졌을 때 이와 똑같은 일이 일어났었다. 한편 이것은 또한 경제적-생산적 힘과 새롭게 나타나는 권력들의 정치-훈육적 조직의 종합을 의미한다.

점점 더 효율적인 산업 부문의 고용 위기와 남반구 나라들의 인구학적 폭발이 초래한 "초과 인구"에 가해지는 강제는 우파의 "전체주의적 민주주의"의 전형적인 부활 프로그램이다. 기억들과 전통들을 빼앗긴, 뿌리 뽑히고 탈영토화된 개인들로 이루어진 주변인들은 새로운 판옵티콘이 세워질 수 있는 인간 물질의 구성요소가 된다. 이것은 권력이 휘두르는 일상적이고 분자적이며 일관된 통제의 행사가 시민에게 내면화될 수 있도록 해주는 제한 메커니즘이 될 것이다. "국민들"은, 그리고 모든 "이질적인" 삶의 형태에 대한 국민들의 두려움은 사실, 그들의 지형 위에서, 그들이 거주하는 지역 공간 안에서 권력에 의해 **훈육되고 있다**.

새로운 "빈민" 대중은 미래의 전체주의적 민주주의의 기초인 훈육과 통제의 새로운 과학기술들을 위한 실험 재료로서 더 잘 작동할 수 있는 대중이다. 그들은 방어해야 할 전통을 가지고 있지 않다. 그들은 급여 갈취에 저항할 수 없다. 그들은 도시 빈민 지구의 변방으로, "헤로인"smack 의 불행으로, 생활보호[공적 부조]의 굴욕으로 다시 전락하지 않을까 하는 공포에 끊임없이 직면한다. 빈민들은 항의하지 않는다. 그리고 그들은 종종, 비억압적인 방식으로 인간의 고통을 경감할 수 있는 (사회 측에서의) 능력에 변화가 일어났었다는 사실을 알아낼 것 같지가 않다.

포스트포드주의 사회에서, 훈육과 통제의 과학기술들은 모두 공간, 즉 영토들을 다룬다. 이것은 노동의 증가하는 비물질성이, 활동적인 인구를 공간의 선들을 따라 표준화할 수 있는 훈육적 메커니즘들을 필요로 하기 때문이다. "새로운 공장"은 더 이상 1800년대 초의 구빈원이나 수용소 모형이 아닌 새로운 사회적 추방자들이 거주하는 거리들과 지구地區들 모형에 입각해 만들어진다. 비물질노동의 과학기술들은 도시 공간에서 빈민들의 반란과 불복종을 막을 수 있는 능력을 실험하고 있다. 이것들은 가장 "위험한 개인들"의 운동을 감시하기 위한 영토적 통제의 전투 논리에 따라 분배된 미디어 과학기술들이다. 따라서 도시 공

간은 새로운 거주 지역들이 공간적인 **인종차별**[27]의 성장 과
정에서 출현할 그러한 방식으로 파편화된다.

주변적인 인구들은 권력이 도시 공간에서 행사하는 계
획을 위한 실험 재료다. 오늘날 안전하다고 생각하는 사람
들이 자신들 또한 언젠가 동일한 운명에 처할 대상이 될
수 있을 것이라는 점을 모르고 있더라도 말이다. 마약 중
독자들이 겪는 배제는 계획된다. 이는 마약 소비가 어떻게
"정상적인" 사회를 가로지르며, 가장 존경받는 직업들에까
지 손을 뻗치는가를 생각하면 더욱더 그렇다. 마찬가지로,
정착 주민들의 근원적인 인종주의는 단순히 말하자면, 생
산과정들의 탈영토화가 야기하는 배제와 정체성 상실로
특징지어지는 미래의 타자他者 속에서 자신을 발견하는 두
려움이다. 항상 변화하는 "위험에 처한 주체들"을 배제하기
위해 제정된 공간 분할의 결과로서 함께 살아갈 수 있는
공간이 점점 작아짐에 따라, 이주자들의 실존적 조건들이
사실상 전체 인구에 적용될 수 있도록 일반화된다. 오늘날
의 인종주의는, 우리 모두에게 해당되는 조건이면서도 우
리가 사실로서 받아들이고 싶지 않은 조건에 대한 원한을

---

27. 이러한 현상에 대해서는 다음 책의 설명이 잘된 부분을 참고하라. Mike
    Davis, *City of Quartz : Excavating the Future in Los Angeles* (New
    York : Routledge, 1990).

반영한다. 이런 이유로 우리는 그러한 조건을 타자의 탓으로 돌린다.

이것이 오늘날의 사회의 보다 주변화된 집단들에게 부과되는 공적 조치들이 만들어 내는 문제들을 우리가 진지하게 분석해야 하는 이유다. 공적 조치들, 시민사회, 지역주의 간의 갈등은 "향정신성 물질의 통제된 유통"이나 난민 센터들의 개원을 압도한다. 여기에서 문제가 되는 것은, 포스트-대의 민주주의라는 정치 형태다. 이것은 우파가 주변적인 인구들의 공간적 배제를 둘러싸고 조직하고 싶어 하는 형태다. 이것은 곧 우리의 것이 될 "권리 없는 민주주의"를 향한 첫 번째 단계다. 그리고 우리가 그것을 이해할 수 없다면 아마도 그렇게 될 것이다.

우리는 주변화된 인구들의 사회적·정치적 권리들 위에 확고하게 서 있어야 하며, 그들의 문제들이 단지 보수적인 세력들과의 충돌을 피하기 위해 순수하게 기술적인 개입들에 종속되어서는 안 된다. 오늘 그들의 권리들은 내일 우리 자신의 권리들이 될 것이다. 그들의 조건을 개선하기 위한 구체적인 개입들이 지역적 반발에 부딪힌다면, 우리는 시민의 영토적 규정의 함정에서 우리 자신을 해방시켜야 한다. 영토성 — 이것이 국내 수준에서 도시이거나 지구地區라 하더라도 — 은 더 이상 시민의 규정을 결정하는 차원이 될 수 없다. 그것은 세계경제가 탈영토화되어 있기 때문만이 아니다. 주된 이유는 영토성이, 민주주의라는 바로 그 개념을 침식하는 [난민의] 입국 저지, 제한들, 국경들, 장벽들을 설정하기 때문이다.

"국민국가는 출생을 (즉 벌거벗은 삶을) 그 자신의 주권의 토대로 만드는 국가를 의미한다."[28] 어원론적으로, "native"는 단순히 출생을 가리킨다. 그러나 영토에 대한 보수적 방어는 우리로 하여금 사람들의 권리들을 영토적으로 규정된 시민의 권리들과 뒤섞도록 만들었다. "국민국가"라는 표현의 모호성은 인간들의 권리들을 시민들의 권리들로 해석하면서 시민권에 영토적 기원을 부여한 것에 존재한다. 이렇게 해서 시민들이 살고 있는 영토는 우리로 하여금 시민권의 개념을 그 **생물학적** 토대로부터 해방시키게 만든다. 그러나 인권은 국민국가의 법률적-정치적 질서 속에, 벌거벗은, 자연적인 삶을 최초로 등록한 것을 의미한다.

실제로는 민주주의에 반대하는 음모를 꾸미고 있는 체제로부터 민주주의를 지키기 위해서 우리는 시민권의 새로운 형태들과 대의의 새로운 층위들을 탐구할 필요가 있다. 정확히 말해, 마약 중독이 초래한 생물학적 파괴에 맞

---

28. Giorgio Agamben, "Noi rifugiati," *Luogo comune* (June 1993), 1~4.

서 벌이고 있는 지역 투쟁 내부에서 획득한 경험들로부터 창조하고 있는 차원이 역외적域外的 국가다. 이 국가는 우리의 사회 및 도시 공간을 구성하는 다양한 주체들의 평등한 대의를 보장해줄 국가다.

스위스의 일부 도시들(제네바와 바젤)에서, 마약들의 통제된 보급을 위한 센터들의 개원으로 야기된 사회복지사들과 지역 주민들 사이의 충돌은, 중독자들을 포함해, 분쟁과 관계된 각각의 당사자들을 결합하는[화해시키는] 것을 목표로 하는 중재 공간(드로겐스탐티쉬)의 제도화로 귀결되었다. 이것은 그들의 생생한 경험, 그들의 지식, 그리고 구체적인 해결책들의 실현에 필요한 규칙들에 대한 그들 각자의 해석들에 기초한 중재를 찾기 위해 이루어졌다. 이러한 초기 경험들에서 나타나고 있는 "도시의 타협"은 역외적인 평면으로부터 조망되어야 한다. 왜냐하면 이것은 그들 자신의 삶들을 구하고자 하는 주체들의 욕망을 표현하는 언어들의 복수성plurality을 ― 국가의 법들이 강제하는 규칙들에 따라 ― 나타낼 수 있는 유일한 평면이기 때문이다.

이것은 "역외적 국가"를 창출하는 데에서 단지 첫 번째 단계이지만, 이러한 경험들을 (심지어 그들의 실험적 형태 속에서) 흥미롭게 만드는 것은, 그 경험들이 인간의 삶을 유지하는 구체적인 문제에서 비롯된다는 사실, 그리고 이에 기초해서 그것들이 시민권의 토대를 새로운 방식으로 정의하려고 노력한다는 사실이다. 이러한 창의initiative의 구체적 본성이 그것의 영토적 수행에서 직접적으로 (즉 비중재적인 형태로) 비롯되지는 않는다. 그와 반대로 이러한 창의는 그것을 실현하려고 노력하면서 자신을 드러내는 다양한 행위자들이 정교화한 기획의 결과다. 그것에 관계된 사람들을 위한 집합의 공간을 규정하는 것은 바로 비물질적인 평면, 즉 그 기획이 논의되는 역외적 평면이다. 우리가 해야 할 일들의 물질성에서 시작하길 원했다면, 그래서 서로 다른 집단들과 단체들을 오직 기술적-도구적 방식으로만 엮었다면, 우리는 그저 (취리히의 레텐 기획과 관련해서 일어났던 일과 같은29) 패싸움gang war을 야기했을 것이다. 정치가 없다면, 즉 예방 서비스 또는 모든 다른 사회적 수단들을 열어젖히는 데 필요한 협의들을 입안하도록 허용해주는 제도적 규칙들이 없다면 구체적인 해결책들은 존재하지 않는다.

이러한 구체적인 경험들에서 출현하는 역외적 국가라는 개념은 이러한 경험들의 특수성을 훨씬 뛰어넘으며, 우

---

29. [옮긴이] 레텐은 취리히의 마약 지구로 유명하다. 1990년대 중반 마약 정화 사업 과정에서 마약 중독자들 및 사회복지사들과 지역 주민들 사이에서 충돌이 있었다.

리는 다음과 같이 그것을 분명히 말할 수 있다.

1) 우리가 언급하고 있는 것은 언제나 **사람들의 생명들**, 즉 우리의 세계–내–존재에 대한 생물학적 정의다. 따라서 우리는 항상 **생태**–논리적 지반으로부터 출발한다. "가정"家庭에 대한, 즉 인류의 거처를 가장 잘 조직하는 방법에 대한 담론이라는 문자적 의미에서.

2) 우리에게 **필요한** 것은 주체들을 결합하는 **기획들**이다. 이 주체들은 정확히 이러한 기획들에서 출발해서 자신들을 정의한다. 포스트포드주의 사회에서, 정치적 대의는 우리가 실현하고자 하는 구체적 기획들에서 비롯된다. 대의는 비물질적인 시각에서, 가능한 해결책들의 이미지 속에서 구체화된다. 이것은 현재의 체제와 정확히 반대다. 현재의 체제에서 정치적 대의는, 정부를 구성하는 일종의 연립 정부에 의해 사전에 조율되는 기획들의 정교화보다 먼저 일어난다. 이러한 정치 모형은 포스트포드주의 사회의 문제들을 해결하는 데 더 이상 적합하지 않다. 왜냐하면 그것의 기초적인 메커니즘이, 그것들이 계급이나 이해관계에 기반을 두는 것보다 훨씬 더 **영토적일** 수 있는 정치적 이해관계에 묶여 있기 때문이다. 이러한 정치 모형의 종말은 우파와 좌파의 구별의 종말을 의미한다. 그러나 이

러한 구분은 여전히, 사회 구성원들의 생활-조건들을 보호하기 위해 실현될 필요가 있는 **기획들 위**에서 평가될 수 있다. 우파와 좌파는 교호적인 극단들로서 선험적으로 정의될 수 없다. 이것은 포스트포드주의 사회의 근본적인 문제들을 해결할 수 없었던 동일한 정당 시스템을 다른 형태로 재생산하는 것으로 귀결된다.

3) 대의의 위기는 사회생활과 관련한 구체적인 기획들의 실현을 가능하게 하는 규칙들의 중재와 해석을 위한 공간들을 구축하기 위한 출발점이다. 이러한 공간들은 일반적인 것과 특수한 것의 사이에, 근본적인 권리들의 영역과 여성 및 남성의 실제적인 생활공간들의 사이에 위치한다. 따라서 시민사회는 [시민사회를 구성하는] 다양한 단체들에 기초해서 재규정된다. 이러한 장에서 활동하는 단체들은 더 이상 도구적 관점에서 정의되지 않는데, 그 이유는 다루어질 필요가 있는 문제들을 정의하는 것이 단순히 기술적인 것이 아니라 법적, 정치적, 제도적일 수 있기 때문이다. 시민사회의 단체들, 이 단체들이 축적한 지식 등은 시민들의 생활노동을 가능하게 해 주는 "사회기계"를 정의하는 데 기여한다.

4) 다양성이 우리의 가장 **심도 있는 경험들**을 점점 강렬하게 투사하기 때문에, 서로 다른 주체들의 소통이 (하버마

스가 이론화한 "담론적 민주주의"에서 물려받은 구어 및 문어 형태들을 갖춘) 본성상 언어적일 수만은 없다. 우리가 기획들을 실현하는 다양한 행위자들이 효과적인 방식으로 그들의 생각과 경험들을 표현하기를 원한다면, 그들이 사용하는 언어들은 다양해야 한다. 최신의 정보 과학기술들 덕분에 우리는 보다 자유로운 관점에서 인간 소통에 대해 생각할 수 있다. 새로운 과학기술들은 심성 모형들의 비유적인 표현에 기초한 소통 모형으로 진화하고 있다. 쌍방향 과학기술의 움직이는 이미지들을 이용한 소통[통신]은 기술적 응용이 아닌, "담론적 민주주의"에 토대를 둔 법적 국가의 구어 및 문어와 공존하는 다양한 인간 언어들의 사례로 간주되어야 한다. 소통 문제는 언어가 무엇을 할 것인가에 대한 사회적 합의–분할con-division에 이르도록 우리에게 도움을 줄 때에만 언어적이다. 더 나은 통합은 이질적인 언어들의 공존에 의해 창출된다. 통합 문제는 언어적으로 해결될 수 있는 것이 아니라, 언어를 사람들의 내면성을 생산하기 위한 수단으로 간주할 때에만 해결될 수 있다.

언어들의 복수성과 자유는 사회생활을 위한 예비적인 조건이지만, 이것들은 공존의 공간들을 제도화하기 위한 규칙들을 정교화할 수 있는 수단들이다. 언어의 제도적 본성은 그 활동의 장을 (자신의 말들로 스스로를 자유롭게 표현할 때 자신의 내면성을 "형성할"in-form 수 있는) 복수複數의 주체들로 확대함으로써 강화된다.

이것은 가변 기하학으로 간주되는 민주주의의 배아胚芽 형태인데, 그 까닭은 모든 타협들은 성공적인 투쟁들과 협상들의 결과와 마찬가지로 부분적일 것이기 때문이다. 그러나 민주주의의 바로 그 본질은 갈등들을 작동하도록 만들어, 이질적인 경험들의 출현을 위한, 그리고 지역적인 합리성들 간의 합리적인 중재가 성취될 수 있는 공간들의 창출을 위한 조건들을 창출하는 것이다. 이질적인 주체적 논리들에서 비롯하는 갈등들에 대한 불관용적인 억압은 합리적인 것이 아니다. 왜냐하면 이러한 논리들은 사회의 피와 살이며, 사실상 사회의 부富를 의미하기 때문이다. 이러한 이질적인 논리들이 공표되어, 자신들의 특수성을 잃지 않고 동등한 평면 위에서 스스로를 표현할 수 있도록, 그리고 우리가 보다 평등한 방식으로 함께 살아갈 수 있도록 이끌 투쟁들과 조우들을 창출할 수 있도록 만들어 주는 것이 합리적이다. "양말 서랍"을 우정과 사랑을 위한 공간으로 바라보는 것이 합리적이다.

지난 몇 년 동안, (원래 1994년 스위스에서 출간된) 이
책이 제기한 문제들이 여러 사람들에 의해 철저하게 연구
되고, 논의되었으며, 비판받았다. 오늘날 우리는 하나의 생
산형태로서의 포스트포드주의에 대한 연구들의 과잉을
맞이하고 있다. 그러나 현재 성찰들이 풍부한 가운데에서
도 문제적으로 남아 있는 것은 경제조직의 일반적인 변형
과 오늘날 통치의 정치적 형태들 간의 연결을 통해 사고할
수 있는 능력이다. 나는 이러한 어려움에 대한 이유들 중의
하나가 정확히 생산과 소통의 중첩 속에서, 이미 1980년대
에 우리의 새로운 노동 방식의 사회학적 결과들에 관심 있
는 모두에게 혁신적이었던 것만큼이나 명백하게 보였던 경
제의 "언어학적 전환" 속에서 발견될 수 있다고 생각한다.
사실 언어는 굉장히 중요하다. 특히 언어가 직접적인 생산
력이 될 때 더 그렇다. 그리고 실제로, 1990년대에 언어 기
계와 전쟁 장치의 거리는 우리가 상상했던 것보다 훨씬 가
까운 것으로 드러났다.

생산 영역에서의 언어의 도래는 경제 지표들에, 가치화

과정들에 대한 자본주의적 명령을 위한 측정 단위들로서의 지표들의 역할에 즉각적인 영향을 미쳤다. 권력은 점차, 삶의 형태들에 대한, 사회 공동체의 구체적 신체에 대한 명령으로 정의된다. 소통과 상호주체적인 관계들을 노동하도록 강제한다는 것은 감각과 감정을, 결국에는 사람들의 삶 전체를 노동하도록 강제한다는 것이다. 1990년대에, 작업장에서 겪는 괴로움, 고통, 굴욕 등은 신자유주의의 적대적인 목표들[대상들]의 구성 요소가 되었다. 하지만 실재적인 패러다임 변동은 명령 형태들 속에, 권력의 분절 속에 거주한다. 노동-으로서의-언어 속에는 특별히 새로운 것이란 존재하지 않기 때문이다.

이것이 내가 포스트포드주의 경제의 화폐적·금융적 분절들을 연구하는 것이 필요하다고 생각하는 이유이다. 1998년에 간행된 책[1]에서 나는 일반 가정들의 가정생활을 공격[투자]하는 새로운 금융경제를 강조하려고 노력했다. 나는 가계 저축을 주식 시장에 배치[투자]하려는 움직임 속에서 아시아, 브라질, 러시아 위기들의 전제들을 보았다. 이상하게 들리겠지만, 사실, 정확히 진정으로 전지구적인 위

---

1. Christian Marazzi, *E il denaro va: Esodo e rivoluzione dei mercati finanziari* [그리고 그렇게 돈은 움직인다 : 금융 시장의 대탈출과 혁명], Bollati Boringhieri, 1998.

기를 피할 수 있는 자본의 능력이 우리로 하여금 자본이 전쟁에 의존하는 것을 설명할 수 있도록 해 준다. 삶을 통해 자본을 생산하길 원한다면, 권력의 눈으로 볼 때 사소한 삶이 얼마나 가치가 있는지를 기억할 필요가 있다.

1999년 4월

마이클 하트와 안또니오 네그리의 『제국』(Harvard University Press, 2000)의 발간 이후 이탈리아 포스트오뻬라이스모 사상가들의 연구가 영어권 세계에서 대중의 주목을 받게 되었다. 이러한 일은 한참 전에 이루어졌어야 했다.[1] 이탈리아어를 사용하는 스위스의 티치노[2] 주 출신의 크리스티안 마라찌는 친구이자 동년배인 프랑코 베라르디[비포][3]처럼 이탈리아 자율주의자들 중에서 젊은 세대에 속한다. 안또니오 네그리가 예전에 그의 교수였다. 마라찌는 1980년대 초 이탈리아를 떠나 몇 년간 뉴욕에서 살았으

---

1. 20년 전인 1980년 크리스티안 마라찌와 실베르 로트렁제(Sylvère Lotringer)는 세미오텍스트(e) 출판사의 특별판 『아우또노미아 : 탈정치의 정치학』(*Autonomia : Post-Political Politics*)을 편집했다. 이 책의 발간 의도는 이탈리아에서 국가 억압에 의해 당시 수감중이거나 추방된 아우또노미아 지식인들과 활동가들이 처한 곤경을 공론화하는 것이었다.

2. [옮긴이] Ticino : 스위스 남부의 주(州)이다. 면적은 2,813㎢이며 주도(州都)는 Bellinzona. 독일명(名)은 Tessin.

3. [옮긴이] Franco "Bifo" Berardi (1948~)는 이탈리아 볼로냐 출생으로 자율주의 전통 속에서 활동하는 이탈리아 맑스주의 이론가이자 활동가다. 주로 탈산업 자본주의에서 미디어와 정보 테크놀로지가 차지하는 역할에 초점을 맞춰 연구 및 활동을 벌이고 있다. 『봉기』, 『노동하는 영혼』, 『미래 이후』, 『프레카리아트를 위한 랩소디』가 국내에 번역, 소개되어 있다.

며, 런던정치경제대학LSE 4에서 정치경제학을 공부했지만, 망명 중이던 다른 이탈리아 경제학자들인 안드레아 푸마갈리, 안또넬라 코르사니, 까를로 베르첼로네 등과 친분을 유지했다. 마라찌는 수년 간 그들과 함께 여러 번 공동 연구를 했다. 현재 스비쩨라 이탈리아나 대학교에서 사회조사를 가르치고 있다.

1994년 스위스에서 처음 출간(되고 첫 번째 이탈리아어판을 위해 1999년에 개정)된 『자본과 정동』[원래 제목은 "양말에 적합한 장소"이다]은 이미 작은 "고전"으로 여겨지고 있으며, 현대 자본주의에 대한 비판에 참여한 수많은 사상가들에게 하나의 핵심적인 참고문헌이 되었다. 마라찌의 가장 독창적인 첫 저작이 그의 후속작 두 권이 발간된 이후에야 영어로 번역된다는 것은 역설적으로 보일 수도 있지만,5 모든 진정한 고전들이 그렇듯이 『자본과 정동』은 사람들의 입에서 입으로 전해져 자기의 청중[독자]를 만들어내고, 광범한 청중에 도달하기 전에 생각이 비슷한 지식

---

4. [옮긴이] 1895년에 개교한 런던대학교에 속해 있으며, 정치·경제 중심의 단과대학으로 영국의 수도 런던에 있다.

5. 내가 번역한 『자본과 정동』의 2장은 "이탈리아의 포스트오뻬라이스모 사상"에 대한 특별판(Substance, 112, v. 36, n. 1, 2007)에 실렸다. 『자본과 언어 : 신경제에서 전쟁경제로』(2002)와 『금융자본주의의 폭력』은 모두 세미오텍스트(e) 출판사에서 2008년에 출간되었다. [두 권의 한국어판 모두 2013년에 갈무리에서 번역, 출간되었다. ─ 옮긴이]

인들 사이에서 퍼져나갈 필요가 있었다. 이 책이 번역된다면 사람들은, 신경제의 요건에 따르자면, 수요가 언제나 공급보다 앞선다는 것을 알게 될 것이다.

[이 책이 번역되어 출간되어야 하는] 보다 절박한 이유들이 존재한다. 이 책에서 설득력 있게 분석하고 있는 1992년의 경제위기는 당시에는 아직 "전체에 영향을 미치는"systemic 경제 변동의 징후로서 인식되지 못했다. 2000년의 "닷컴" 위기, 그리고 특히 2008년의 금융위기는 충실한 자본주의 옹호자들에게조차 무언가 잘못되었을 수도 있다는 것을 깨닫게 해 주었다. 세계적 붕괴meltdown의 한가운데에서 마라찌가 최근에 집필한 소논문인 『금융자본주의의 폭력』(Semiotext(e), 2008, 신판 2011)[6]은, 금융위기가 경제 확장이 부족해서 일어난 내파적 결과라기보다는 오히려 자본 축적의 중요한 구성 요소라는 사실을 우리가 이해할 수 있도록 해 주는 결정적인 도구를 제공해 주었다.

---

6. [한국어판] 크리스티안 마라찌, 『금융자본주의의 폭력』, 심성보 옮김, 갈무리, 2013.

1. 신^新경제, 새로운 착취

빌 클린턴 대통령의 첫 임기 동안에 이루어진 포드주의에서 포스트포드주의로의 이행이 실질적인 전환점이었다. 높은 실업률과 신용경색, 그리고 공업 및 농업 고용상의 비가역적인 손실 등이 동반된 1991~92년의 위기는 생산에서의 체계적인systemic 변화를 시사했다. 자본 안에서 가치를 낳고 있었던 것은 더 이상 육체노동이 아니라 언어 능력이었다. 언어는 재화를 생산하는 데에서, 그리고 재화가 경제적 가치를 획득하는 방식에서 주요한 요인이 되어가고 있었다. 이러한 사실은 생산과정의 관점에서뿐만 아니라 생산과정의 "실현", 즉 잉여가치의 화폐화에서도 역시 근본적인 것이 되었다.

1990년대 초반 마라찌는 어떻게 소통에 대한 의존이 소위 "저스트인타임"7 생산을 창출하는 데에서 근본적인 도구가 되었는지 명확하게 보여주었다. 점점 복잡해지는 소통 수단들 때문에 재화와 서비스는 더 이상 대중에게 제공되지 않았으며, 사실상 수요보다 먼저 일어났다. 이

---

7. [옮긴이] 'just-in-time production'은 '적절한 시기에 공급을 함으로써 재고를 만들지 않는 생산방식'의 의미를 갖는다. '적기 생산', '적시 생산' 정도로 옮길 수 있으나, 여기서는 음역으로 통일했다.

책 그리고 후속 작품들에서 드러나는 마라찌 작업의 독창
성은, 현재의 가치 창출 및 착취 형태들을 정당한 것으로
도 불가피한 것으로도 제시하지 않으면서 그 형태들을 구
성하는 실천들을 설명해내는 그의 독특한 능력에 있다. 그
가 사용한 대부분의 자료 출처들, 특히 이 책의 1장, 2장에
서 사용한 자료 출처들은 철저하게 자본주의 경제에 목매
달고 있는 주류 경제학자들과 기업주들이었다. 독자들은
이 책에서, 대개 현대 자본주의에 대한 급진적인 비판과 관
련된 유형의 인물들이 아닌, 경영 분야의 "권위자"인 피터
드러커에서 인텔 CEO 앤디 그로브까지, 그리고 당시에는
잘 알려지지 않았던 폴 크루그먼에서 '아직 제대로 드러나
지 않았던' 폴 로머[8]까지 다소 친숙한 유형의 인물들을 만
나게 될 것이다. 마이클 하트가 『자본과 언어』에 붙이는 서
문에서 썼듯이 "금융시장의 복잡성과 경제 정책에 관해 일
반 대중과 소통할 수 있는 경제학자들은 드물다. 크리스티
안 마라찌는 현재의 정치 이론과 사회 이론의 가장 흥미로
운 특질들을 끌어내 제시하고 성찰할 수 있는 참으로 드문
유형의 경제학자이다."(Marrazzi, 2008, 7)[9]

---

8. [옮긴이] 폴 로머는 1955년 미국 태생의 경제학자, 기업가, 활동가로서 현
   재 뉴욕 대학교의 스턴 경영대학원 교수로 재직중이다.
9. [한국어판] 크리스티안 마라찌, 『자본과 언어』, 서창현 옮김, 갈무리, 2013, 9쪽.

자본주의 축적 양식의 새로운 위기들은 희귀하고 예측 불가능한 사건들이 아니다. 이 위기들은 자본주의 축적 양식이 작동하는 방식에 고유한 것이다. 실제로『자본과 정동』이 제시하는 것처럼, 점점 더 "소통적인"(우리라면 "접속적인"connected이라고 말할) 환경 속에서 경기 순환은 그 주기가 현저하게 짧아지고 그 영향력은 멀리까지 미치게 되었다. 그 이유는 화폐화 과정에 내재하는 모든 불균형들이 전지구적 규모로 즉각적으로 기록되기 때문이다. 1970년대 후반에 이미 폴 비릴리오가 역설한 것처럼, 속도가 현대 사회의 문화적·사회적 변화의 주요한 힘이라면, 이제 이러한 사실은 인간 두뇌보다 훨씬 빨리 작동하는 복잡한 기술 체계들을 통해 정보가 전송되는 경제 문제에 훨씬 더 잘 들어맞는다.[10]

기술적·금융적 혁신은 노무 관리에서 급격한 변화들을 불러왔다. 그 결과 노동자workforce는 더욱더 심하게 변동하는 가치 창출 과정에 적응해야 했다. 임시 고용, 그리고 고질적인 실업은 이제 현대 자본주의 조직의 체계적인 systemic 특징이 되었다. 끊임없이 "자신을 재발명하라"라고

---

10. 2010년 5월 6일 다우 존스 지수의 불가사의한 하락이 좋은 사례가 될 것이다. 이것은 대개 세계 컴퓨터 네트워크에 의해 증폭된 인간 실수의 탓으로 여겨져 왔다.

하는 사회적 명령은 이제 새로운 인간 착취 형태들의 본질적인 부분이다. 『자본과 정동』은 이러한 메커니즘들을 확인한 최초의 평론들 중의 하나다. 사회적으로 이 메커니즘들은 부자와 빈자 간에 국내적으로도 국제적으로도 점점 벌어지는 격차를 만들어냈으며, 정치적으로 이 메커니즘들은 공적 영역을 무섭게 침식하기 시작했는데 이는 "중산계급"이라는 말을 점점 무의미하게 만들었다. 프랑코 베라르디 [비포]는 최근 한 책에서 이 새로운 기술-경제적 지형 속에서 개인이 치르는 심리적 대가가 매우 크다고 언급했다. "일찍이 종잡을 수 없고 예측불허였던 영혼은 이제, 생산적 총체를 구축하는 조작적 교환 체계와 양립하기 위하여 기능적 경로들을 따라야 한다. …… 산업 공장들은 신체들을 활용하고, 영혼을 조립라인 외부에 두도록 강제했다. …… 비물질적 공장은 우리의 바로 그 영혼 — 지성, 감각, 창의성, 언어 — 을 마음대로 하겠다고 요구한다."[11]

지난 3년 간, 『뉴욕타임스』와 그 밖의 신문들은 새로운 빈자들이 처한 곤경을 특집으로 하는 애달픈 이야기

---

11. Franco "Bifo" Berardi, *The Soul at Work : From Alienation to Autonomy*, trans. Francesca Cadel and Giuseppina Mecchia, Los Angeles : Semiotext(e), 2009, 192 [프랑코 베라르디 [비포], 『노동하는 영혼 : 소외에서 자율로』, 서창현 옮김, 갈무리, 2012, 266쪽].

들을 보도했다. 예전에 미국식으로 교외에서 살아가는 꿈을 꾸었던 주민들인 이들은 요즈음 실업, 의료 비상, 혹독한 부채 등으로 몰락했다. 압류, 도시 황폐, 기반시설 파괴, 공공 적자 등에 관한 비참한 이야기들은 소위 "재정 보수파들"[12]과 "자유주의적 방탕자들" 사이에서 정치적 논쟁의 대상이 되었다. 이런 분별없는 연민이 한창일 때, 『자본과 정동』이 제공하는 명료하고 정통한 분석은 우리가 맨 처음 이 상황에 빠지게 된 방식을 강력하게 상기시켜 준다.

『자본과 정동』이 처음 집필되었던 1990년대 초반, 자부심과 낙관의 대부분은 이 경제의 특정 부문, 주로 소프트웨어 설계와 관리에서 이루어지는 작업에 한정되어 있었다. 자본과 이 새로운 "농노들"의 정신적이고 정동적인 역량들이 맺고 있는 관계의 착취적 본성은, 신新경제의 "최첨단"에 서 있다는 느낌에 의해 대부분 은폐되었다. 그때 이후 "닷컴"의 불황과 정보 노동의 외주[13]는 이러한 자아 존중감에 실질적인 타격을 가했으며, 정보 노동자들은 자신들이 저급한 "비물질적인" 동료들, 즉 돌봄과 접대 부문에

---

12. [옮긴이] fiscal conservatives : 대출보다는 경비 삭감이나 세금 증대를 선호하면서 균형 예산을 지지하고, 정부 규모를 줄이고 자유 시장을 장려하기를 바라는 사람들을 가리킨다.
13. [옮긴이] off-shoring : 아웃소싱의 한 형태로, 기업들이 경비를 절감하기 위해 생산, 서비스, 일자리 등을 해외로 내보내는 현상.

서 일하고 있는 사람들 그리고 주로 협력적이고 사회적이며 정동적인 관계들을 창출하는 것과 관련된 사람들과 다소 가깝다고 느끼고 있다. 2007~2008년의 금융위기 이후, 관리할 것이 없다면 더 이상 어떤 관리자도 필요하지 않다는 것이 명확해지면서 경영자조차 그 영광의 대부분을 상실했다. 오늘날의 노동 시장에서 현대 착취 형태들의 현실들은 도외시하기가 훨씬 더 어려워지고 있다.

마라찌는 언어 과정들의 자본주의적 가치화, 그리하여 우리 정신 활동의 가장 근본적인 형태의 자본주의적 가치화를 강조한다. 이러한 강조는 또한 우리에게 지성계에서 일어나고 있는 아첨을 주의하라고 경고한다. 왜냐하면 언어 과정들이 사랑과 지식의 공통 공간에서 제외되고 있으며 왜곡되고 조작적인 형태로 다시 유통되고 있기 때문이다. 들뢰즈와 가타리가 바로 몇 년 전에 지적한 것처럼, "개념의 세 시기를 백과전서, 교육학, 상업적 직업형성으로 가른다면, 두 번째 시기의 교육학만이 우리로 하여금 첫 번째 시대의 절정으로부터 세 번째 파국의 시대로 치닫지 않도록 해 줄 유일한 방책이 될 것이다."14 크리스티안 마라찌

---

14. Gilles Deleuze and Félix Guattari, *What Is Philosophy?*, New York : Columbia University Press, 1994, 12 [질 들뢰즈·펠릭스 가타리, 『철학이란 무엇인가』, 이정임·윤정임 옮김, 현대미학사, 1995, 22~23쪽].

의 작업은 어쩌면, 우리가 현재의 사회적 풍경을 포착하기 위해 새롭고, 덜 불공평한 방식들을 발견하려고 노력하고 있는 바로 지금 필요한 일종의 교육학의 한 사례로 읽혀야 할지도 모른다.

2. 새로운 착취, 새로운 투쟁들

크리스티안 마라찌는 『자본과 정동』 그리고 이후의 책들에서 매우 설득력 있게 묘사하고 있는 사태들에 대해 외견상 비판적이지 않은 것처럼 보인다. 하지만 이로부터 그가 권력의 도구들을 분석하기 위해 자신의 정치적 약속을 저버렸다고 추론하는 것은 잘못일 것이다. 교육학은 언제나 공적 개입의 여지를 함축하기 때문에, 순수한 학문과 관련하여 볼 때 일보 전진이다. 그리고 실제로, 마라찌의 모든 경제적 연구들을 자극하는 추진력은 다른 무엇보다도 더 정치적인 것이다. 마라찌는 [어떤] 개입들이 가능한지 그 윤곽들을 스케치하면서 지난 수십 년간 광범하게 논의되어 온 두 가지 층위의 조직과 제도에 대해 설명한다. 지역적으로 그는 거대 제도들macro-institutions에서 독립하여 떨어져 나온 공동체 운동community initiatives의 다양한 형태들, 예를 들어 스위스 도시 지역들에 마약 중독자들을 다시 거주시키기 위한 계획들을 고찰한다. 마라찌는 안또니오 그람시[15]의 "시민사회" 개념을 이용해, 제한되고 탈중심화된 횡단적인 사회적 시민권 형태들이 현재의 자본주의적 착취 형태들에 기인하는 공적 공간의 파편화를 상쇄시키는 데 얼마나 필요한지 보여준다. 사실 "유연 생산"의 유일한 해독제는 피착취자들이 만든 "유연 조직"이다. 전지구적으로 볼 때 경험이 말해주는 것은, 정부들이 지속적이고 근본적으로 독립적인 사회적 행위들에만 대응한다는 사실이다.

생산양식을 뒤엎을 수는 없고 오직 정치 체제만을 전복할 수 있다. 정치 체제들이 경제 가치화의 명령들에 의해 공동화空洞化되고 있을 때 최소한 부분적으로나마 부의 불균형과 사회적 빈곤화로 치닫는 체계의systemic 돌진에 맞

---

15. [옮긴이] 안또니오 그람시(1891~1937)는 이탈리아의 맑스주의 이론가로 대학 재학 중에 이탈리아 사회당에 입당하였고, 1921년에는 이탈리아 공산당을 창립하여 코멘테른을 지도하며 기관지 『신질서』를 발행했다. 1926년에 이탈리아 파시스트 당국에 체포되었는데, 11년 간의 감옥 생활 기간 동안 방대한 양의 『옥중수고』를 집필했다. 그의 독창적 이론체계는 20세기 맑스주의의 진화에 결정적인 영향을 미쳤다. 저서로는 『그람시의 옥중수고 1, 2』(거름, 1999), 『대중 문학론』(책세상, 2003), 『남부 문제에 관한 몇 가지 주제들 외』(책세상, 2004), 『안또니오 그람시 : 옥중수고 이전』(갈무리, 2011) 등이 있다.

서기 위해서는 소수적이고 주변적인 사회경제적 조직 형태들을 실행하는 것이 전략적으로 바람직하다. 마라찌는 근간인 『자본의 코뮤니즘』의 서문에서 『자본과 정동』을 총괄하는 정치 의제를 다음과 같이 정교화한다. "우리의 목표는 명확하다. 금융 시장에 대한 새로운 규칙들을 집단적으로, 그리고 아래로부터 부과하라. 공공 서비스, 교육, 복지에 투자하라. 새로운 에너지 부문에 공공 일자리를 창출하라. 고소득층에 대한 탈-재정화[16]를 거부하라. 일자리와 사회 임금의 권리를 다시 요구하라. 자기-결정을 위한 공간들을 만들라."[17] 『자본과 정동』은 1990년대 중반에 집필되었다. 당시 선견지명으로 여겨졌던 것이 이제 우리가 살아가는 사회경제적 현실이 되었다.

쥬세피나 메치아

---

16. [옮긴이] 부유층이나 고소득층에 대한 증세를 통해 재정을 확보하지 않고 오히려 감세를 통해 사회의 전반적인 복지를 악화시키는 것을 가리키는 것으로 보인다.

17. Christian Marazzi, *Il comunismo del capitale : finanziariazzione, bio-politiche del lavoro e crisi globale*, Verona : Ombre Corte, 2010, 24~25. Forthcoming, Semiotext(e), 2012.

크리스티안 마라찌는 이제 우리에게 낯선 이름이 아니다. 그는 『자본과 언어』라는 매력적인 제목의 책을 통해 노동세계의 변화들과 금융시장의 변동들을 분석해 오늘날의 세계 경제 단계에 대한 근본적으로 새로운 이해를 제공해 주었고, 또한 가장 최근의 저작인 『금융자본주의의 폭력』을 통해 오늘날 끊임없이 반복되고 있는 금융자본주의의 위기의 본질을 명확히 파헤친 바 있다.

『자본과 정동』은 가장 먼저 집필되었으나 국내에는 가장 나중에 소개되는 책이다. 이탈리아어 원본은 "양말에 적합한 장소"라는 다소 의외의 제목을 달고 있다. 이 책은 『자본과 언어』, 『금융자본주의의 폭력』으로 이어지는 마라찌 작업의 핵심적인 초석일 뿐만 아니라 포스트포드주의 문헌의 기초가 되는 작품이다.

이 책에서 마라찌는 1992년의 경제위기에 대한 분석을 통해 포드주의에서 포스트포드주의로의 이행, 노동으로서의 소통, 자본주의 축적 양식으로서의 위기, 언어의 가치화, 노동과 공통에 대한 공격, 중산 계급의 몰락, 정동에 대한 착취 등 포스트포드주의와 관련된 논점들을 심도 깊게 다룬다.

현재의 자본주의적 착취 형태들이 파괴하는 공적 공간의 파편화(또는 공통의 파괴)에 맞설 수 있는 정치적 계획들을 탐색하는 마라찌의 작업을 통해 우리는 공통의 창출과 보호를 위한 전략을 모색해 볼 수 있을 것이다.

이 책의 번역 작업이 마무리되고 있을 즈음인 2014년 4월 16일 '세월호'가 침몰했다. 세월호의 침몰과 이후의 사태 전개는 규제 받지 않은 자본주의가 어떻게 무고한 뭇 생명들을 집어 삼키는 괴물이 될 수 있는지를 너무나도 비극적으로 보여 주었다. "이것이 국가인가"라는 어느 시사 주간지의 표제가 말해주듯이 이 사건을 계기로 자본주의와 국가에 대한 물음은 좀 더 근본적이고 직접적인 데로 향하고 있다. 이 책이 자본의 착취에 대한 발본적이면서도 전복적인 다양한 투쟁들과 전략들을 모색하는 데 중요한 참조가 되기를 기대해 본다.

거친 원고가 멋진 한 권의 책으로 나오기까지 많은 분들의 도움이 있었다. 원문의 미로 속에 빠져 헤매고 있을 때 단비처럼 도움을 주신 김선미 선생님의 고마움을 잊을 수 없다. 초역을 읽고 많은 잘못들을 지적하고 아낌없는 조언을 해 주신 배재훈 님, 이성혁 님에게 감사드린다. 막힌

물꼬를 트듯 흐름을 바로잡아 주신 조정환 선생님께 특별히 감사의 마음을 전한다. '여유로운 재촉'으로 긴장을 잃지 않고 작업을 마무리할 수 있도록 배려해 주신 김정연 님, 언제나 책에 숨결을 불어넣어주시는 신은주 님 그리고 모든 갈무리 출판사 동지들께 진심 어린 감사를 드린다.

2014년 5월

서창현

::인명 찾아보기

ㄱ

가가니, 조르조 (Gargani, Giorgio) 52

가따리, 펠릭스 (Guattari, Félix) 94, 225

갈림베르티, 움베르토 (Galimberti, Umberto) 45

갤브레이스, 존 (Galbraith, John) 67

고드브, 자크 (Godbout, Jacques) 63, 64

고르, 앙드레 (Gorz, André) 28, 32, 43, 44, 64, 101, 102

골드핑거, 찰스 (Goldfinger, Charles) 134

그람시, 안또니오 (Gramsci, Antonio) 227

그로브, 앤디 (Grove, Andy) 91, 93, 94, 221

글로츠, 피터 (Glotz, Peter) 64

ㄴ, ㄷ, ㄹ

네그리, 안또니오 (Negri, Antonio) 217

데이비스, 마이크 (Davis, Mike) 205

도미니자니, 아이다 (Dominijanni, Ida) 118, 119

뒤르켕, 에밀 (Durkheim, Émile) 63

드러커, 피터 (Drucker, Peter) 13, 221

라벨리, 마르코 (Ravelli, Marco) 56

라이시, 로버트 (Reich, Robert B.) 57, 144, 145, 148, 151~154

레이노, 베네딕트 (Reynaud, Bénédicte) 63, 141

로머, 폴 (Romer, Paul) 57, 148, 149, 221

로빈, 자크 (Robin, Jacques) 120

록펠러, 존 (Rockefeller, John Davison) 63

리카도, 데이비드 (Ricardo, David) 111

ㅁ, ㅂ

맑스, 칼 (Marx, Karl) 66, 111, 163, 169, 217, 227

맨더빌, 버나드 (Mandeville, Bernard) 66

무어, 배링턴 (Moore, Barrington) 166

밀, 존 스튜어트 (Mill, John Stuart) 165

바르발리, 마르찌오 (Barbagli, Marzio) 107, 115

바세타, 마르코 (Bascetta, Marco) 65

바우만, 지그문트 (Bauman, Zygmunt) 28, 166, 167

베네딕트, 루스 (Benedict, Ruth) 61

베라르디, 프랑코 [비포] (Berardi, Franco "Bifo") 217, 223

베르첼로네, 까를로 (Vercellone, Carlo) 218

베를루스코니, 실비오 (Berlusconi, Silvio) 49, 50, 194, 195

베버, 막스 (Weber, Max) 26, 32~34

베카티니, 지아코모 (Becattini, Giacomo) 95

벤덤, 제레미 (Bentham, Jeremy) 168

보이어, 로버트 (Boyer, Robert) 23

볼로냐, 세르지오 (Bologna, Sergio) 13, 217

부시, 조지 (Bush, George) 9, 146, 151

비데, 자크 (Bidet, Jacques) 43

비르노, 빠올로 (Virno, Paolo) 19, 43,

44, 121

비릴리오, 폴 (Virilio, Paul) 194, 196, 222

ㅅ, ㅇ

섀넌, 클로드 (Shannon, Claude) 121

세베리노, 임마누엘 (Severino, Emanuele) 46

센, 아마르티아 (Sen, Amartya) 106

쇼어, 줄리 (Schor, Juliet B.) 115

슘페터, 조지프 (Schumpeter, Joseph Alois) 26, 29, 67

스미스, 애덤 (Smith, Adam) 66, 110, 111, 131

스위드버그, 리차드 (Swedberg, Richard) 62

스케릿, 존 (Skerrit, John) 125

아감벤, 조르조 (Agamben, Giorgio) 44

아즈나르, 기 (Aznar, Guy) 64

애커로프 조지 (Akerlof, George) 62

에드빈슨, 레이프 (Edvinsson, Leif) 130

에코, 움베르토 (Eco, Umberto) 41, 42

오코너, 제임스 (O'Connor, James) 150, 151, 189

워드, 아리안 (Ward, Arian) 130

위너, 노버트 (Wiener, Norbert) 121

ㅊ, ㅋ

채트윈, 브루스 (Chatwin, Bruce) 130

카우프만, 장-클로드 (Kaufmann, Jean-Claude) 103

카치아리, 마시모 (Cacciari, Massimo) 26, 87, 176

칼리니, 프랑코 (Carlini, Franco) 65, 123

칼비노, 이탈로 (Calvino, Italo) 197

케인스, 존 메이너드 (Keynes, John Maynard) 10, 147

코르사니, 안또넬라 (Corsani, Antonella) 218

코리아, 벤자민 (Coriat, Benjamin) 17

크루그먼, 폴 (Krugman, Paul) 75, 221

클린턴, 빌 (Clinton, Bill) 57, 144, 146~148, 150, 151, 157~160, 171, 220

ㅌ, ㅍ

테일러, 프레드릭 (Taylor, Frederick) 20, 24, 103, 152, 153

토플러, 앨빈 (Toffler, Alvin) 17, 127~129, 183

튜링, 앨런 (Turing, Alan) 37, 38

퍼뱅크, 필립 (Furbank, Philip N.) 169

포드, 헨리 (Ford, Henry) 14, 23, 28, 29

푸마갈리, 안드레아 (Fumagalli, Andrea) 218

프레이저, 제임스 조지 (Frazer, James George) 96

프리먼, 리차드 (Freeman, Richard) 57

ㅎ

하버마스, 위르겐 (Habermas, Jürgen) 38~48, 50, 211

하이데거, 마르틴 (Heidegger, Martin) 54

하트, 마이클 (Hardt, Michael) 217, 221

해머, 마이클 (Hammer, Michael) 123, 124

헤겔, 프리드리히 (Hegel, Georg Wilhelm Friedrich) 34, 35, 39, 40

호리건, 미셸 (Horrigan, Michael W.) 172

횔덜린, 프리드리히 (Hölderlin, Friedrich) 54

ㄱ

가부장주의 28

가사노동 100~103, 105, 108, 109, 112~114, 117

개인화 68, 69

경기후퇴 9, 23, 75, 90, 116, 119, 120, 138

『경제적 이성 비판』(고르) 43

계급 24, 46, 49, 50, 56, 101, 102, 114, 131, 136, 139, 144, 147, 154, 155, 157~170, 172~176, 179, 188~192, 195, 210, 223, 229

『계급의 기억들』(바우만) 166

고용 없는 성장 119, 120

『고용, 이자 및 화폐의 일반이론』(케인스) 10

과학기술 6, 13, 17, 19, 25, 26, 28, 37, 38, 47, 49, 77, 78, 91, 92, 94, 97, 103, 104, 113, 115, 120~122, 124~127, 129~131, 134, 150, 152, 156, 159, 166, 172, 195, 196, 203, 204, 212, 234

『국가의 일』(라이시) 144

『권력이동』(토플러) 17, 129, 183

금융위기 23, 219, 225

『금융자본주의의 폭력』(마라찌) 218, 219, 229

기업가정신 29~31

『꿀벌의 우화』(맨더빌) 66

ㄴ

네트워크 37, 76, 86, 114, 123, 127, 131, 136, 147, 152, 222

노동 강제 182

노동-생산 49

『노동하는 영혼』(비포) 217, 223

노예-주인 65

『뉴욕타임스』 75, 223

ㄷ

다중작업 20

닷컴 위기 219

덤피 170

도구적-기계적 49

도구적 행위 34, 48~52

도요타주의 22, 23, 25, 28, 69

『동력의 기술』(비릴리오) 196

ㄹ, ㅁ

리엔지니어링 20, 123~126

만능 기계 92, 93

민주주의 38, 39, 43, 46, 47, 49, 53, 56, 193, 195, 197, 198, 200, 202~204, 206, 207, 212, 213

ㅂ

복지 국가 145, 179, 181, 182

불황 9~11, 146, 224

비물질경제 78

비물질노동 87, 94, 128, 144, 145, 151~159, 190, 204

『비즈니스 위크』 170

비트 121

ㅅ

산업적 봉건성 56

생산 행위 이론 47

생활세계 40, 43, 45

서비스 6, 17, 49, 50, 60, 61, 67, 69~71,
    77, 79~83, 85, 86, 101~103, 112, 128,
    130, 139, 146, 151~153, 157, 172,
    177, 179, 180, 201, 209, 220, 224, 228
성 평등 103, 105, 107, 108
소득 11, 58, 59, 61, 65, 68, 77, 83, 84,
    107, 136~139, 141, 142, 147, 149,
    150, 154, 156, 161, 162, 170, 171, 173,
    178~184, 187~190, 192, 228
소통적·관계적 71, 72
소통 행위 38, 39, 41, 45, 46
소프트웨어 21, 121, 122, 124, 185, 224
신경제 128, 177, 185, 218, 219
신노예적인 노동관계 59
신용경색 220
실업 11, 55, 57, 62, 64, 67, 72~75, 90,
    138, 139, 150, 154, 155, 159, 171, 173,
    182~185, 193, 203, 220, 222, 224
실존적 불안 7, 90
실질적 합리성 39

ㅇ

아웃소싱 12, 13, 75, 141, 171, 188, 224
양말에 적합한 장소 100, 105, 111, 112,
    218, 229
언어 기계 19, 31, 37, 91, 214
언어학적 전환 214
여성 67, 68, 100~110, 113~119, 203,
    211
역외적 국가 193, 208, 209
워크하우스 168
『월스트리트저널』 85, 125, 139
유나이티드파슬서비스 70
『유아기와 역사』(아감벤) 44
유연 생산 9, 11~14, 18, 22, 24, 70, 227
유연 조직 227

유효 판매 17
『의사소통행위이론』(하버마스) 38
이주 91, 92, 102, 116, 126, 150, 155,
    193, 202, 205
이중 사회 64, 88
이탈리아 자율주의 217
『이코노미스트』 73
인지적 노동자들 131
인플레이션 11, 72~74, 76~85
『일 마니페스토』 150, 189, 196
임금노동 25, 34, 100, 101, 116

ㅈ

자기결정 38
『자본과 언어』(마라찌) 221, 229
자본주의 33, 34, 98, 99, 101, 110, 111,
    167, 179, 188, 215, 217~219, 221,
    222, 225, 227, 229, 230
재구조화 11, 12, 15, 30, 53, 74, 76~80,
    162, 163, 171, 202
재생산 36, 43, 45, 67, 68, 71, 88, 98,
    100~102, 104, 105, 107, 110, 114,
    125, 132, 142, 158, 159, 201, 211
재화 6, 15, 17, 19, 21, 22, 50, 51, 53~55,
    78~83, 86, 87, 103, 111, 127~129,
    132, 150, 157, 177~180, 184, 185,
    187, 220
저스트인타임 6, 13, 14, 18, 55, 75, 76,
    179, 182, 195, 203, 220
『제국』(네그리·하트) 217
정보사회 7
정보 흐름 16, 18, 20, 78, 85
종합적 품질 관리 69~71
주의주의 45

ㅊ, ㅋ, ㅌ

『철학이란 무엇인가』(들뢰즈·가따리)

226

총보상 137
카스트 144, 153
클린터노믹스 144
클린터니즘 144~147, 152
투명한 사회 99

ㅍ

파업 23, 24, 66, 67, 75, 76
판옵티콘 168, 203
포스트오뻬라이스모 217, 218
포스트포드주의 6, 7, 14, 15, 17~23,
　26, 28~31, 36, 40, 42, 48, 51, 53, 54,
　59~61, 64, 68, 69, 71~75, 77~80,
　82~84, 87, 88, 90, 95, 96, 100, 112,
　128, 131, 135, 138, 144, 145, 152,
　154, 155, 158, 159, 161, 162, 166, 171,
　172, 174, 177, 180~182, 184, 190,
　192~196, 204, 210, 211, 214, 215, 220

ㅎ

『해석의 한계』(에코) 41, 42
『현대성의 철학적 담론』(하버마스) 39
『횔덜린 시의 해명』(하이데거) 54

기타

1950년대 22, 26
1960년대 91
1970년대 25, 27, 41, 90, 124, 134, 136,
　222
1980년대 10, 23, 25, 64, 70, 116, 136,
　138, 144, 148, 170, 171, 188, 189, 214,
　217
1990년대 10, 43, 50, 72, 80, 82, 138,
　139, 149, 170, 172, 191, 209, 214, 215,
　220, 224, 228

:: 본문 내에 사용된 이미지의 출처

3쪽 : https://www.flickr.com/photos/m4dgroup/6001102681/
차례 : https://www.flickr.com/photos/twosevenoneoneninееighthreesevenatenzeros
ix/8186649917/in/set-72157632011333055
서론 : https://www.flickr.com/photos/carladi/4164416520/
1장 : https://www.flickr.com/photos/pennuja/7181436325/
2장 : https://www.flickr.com/photos/wonderlane/3198790974/
3장 : https://www.flickr.com/photos/stevensnodgrass/4034636727/
뒤표지 안쪽 : https://www.flickr.com/photos/nostri-imago/3395655006/

갈무리 이딸리아 자율주의

이딸리아 자율주의 정치철학 1 쎄르지오 볼로냐 외 지음 이원영 옮김

다중 빠올로 비르노 지음 김상운 옮김

이제 모든 것을 다시 발명해야 한다 세르지오 볼로냐 외 지음 윤영광·강서진 옮김

노동하는 영혼 프랑코 베라르디[비포] 지음 서창현 옮김

봉기 프랑코 베라르디[비포] 지음 유충현 옮김

금융자본주의의 폭력 크리스티안 마라찌 지음 심성보 옮김

자본과 언어 크리스티안 마라찌 지음 서창현 옮김

동물혼 맛떼오 파스퀴넬리 지음 서창현 옮김

갈무리 정치철학

안토니오 그람시 : 옥중수고 이전 안토니오 그람시 지음 리처드 벨라미 엮음 김현우·장석준 옮김

아나키스트의 초상 폴 애브리치 지음 하승우 옮김

푸코의 맑스 미셸 푸코 지음 이승철 옮김

탈근대 군주론 존 산본마쓰 지음 신기섭 옮김

니클라스 루만으로의 초대 게오르그 크네어·아민 낫세이 지음 정성훈 옮김

진실 말하기 테리 이글턴 외 지음 신기섭 옮김

정치론 베네딕트 데 스피노자 지음 김호경 옮김·해설

전쟁론(전3권) 카알 폰 클라우제비츠 지음 김만수 옮김·해설

제국은 어떻게 움직이는가? 제임스 페트라스 외 지음 황성원·윤영광 옮김

가상계 브라이언 마수미 지음 조성훈 옮김

인지와 자본 조정환·황수영·이정우·최호영 지음

신, 정의, 사랑, 아름다움 장-뤽 낭시 지음 이영선 옮김

국가에서 마을로 전명산 지음

리듬분석 앙리 르페브르 지음 정기헌 옮김

탈정치의 정치학 워너 본펠드 엮음 안또니오 네그리 외 지음 김의연 옮김 〈2014. 3. 신간〉

갈무리 네그리·하트

디오니소스의 노동 1 안토니오 네그리 외 지음 이원영 옮김

혁명의 시간 안또니오 네그리 지음 정남영 옮김

비물질노동과 다중 안또니오 네그리 외 지음 자율평론 기획

혁명의 만회 안또니오 네그리 지음 영광 옮김

자유의 새로운 공간 안또니오 네그리 외 지음 조정환 옮김

네그리 사상의 진화 마이클 하트 지음 정남영·박서현 옮김

예술과 다중 안또니오 네그리 지음 심세광 옮김

네그리의 제국 강의 안또니오 네그리 지음 서창현 옮김

다중과 제국 안또니오 네그리 지음 정남영·박서현 옮김

선언 안또니오 네그리·마이클 하트 지음 조정환 옮김